momias

Puntas de flecha procedentes de una tumba egipcia, aprox. 3000 a. de C.

Paleta de pizarra procedente de una tumba egipcia, aprox. 3000 a. de C.

Carretes de oro para las orejas procedentes de una antigua tumba peruana.

Figura de cerámica chancay procedente de un cementerio peruano.

Muñeca peruana enterrada con una momia

Caja para momia de musaraña, egipcia, aprox. 600 a. de C.

Antiguos canopes egipcios, utilizados para alojar las vísceras del buey sagrado Apis *(izquierda)* o de personas *(derecha).*

Tarro peruano procedente de una tumba.

Figura de madera
de Anubis, antiguo
dios egipcio del
embalsamamiento.

momias

Escrito por
JAMES PUTNAM

Fotografías de
PETER HAYMAN

Mano de una antigua
momia egipcia, con
dedos envueltos
individualmente.

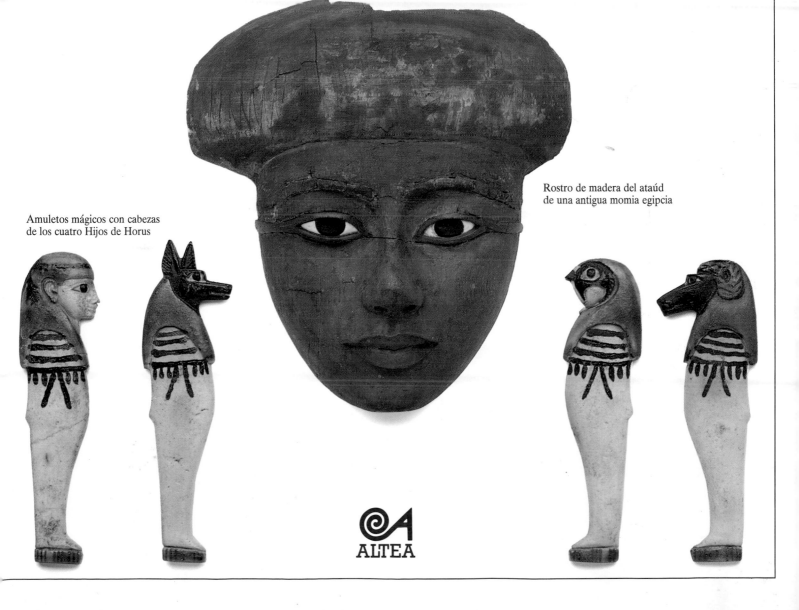

Rostro de madera del ataúd
de una antigua momia egipcia

Amuletos mágicos con cabezas
de los cuatro Hijos de Horus

ALTEA

Cuchillo de pedernal encontrado en una antigua
tumba egipcia de aprox. 3000 a. de C.

Amuleto en forma de puño

Amuleto wedjat
en forma de ojo

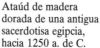

![DK]

A DORLING KINDERSLEY BOOK

Consejo editorial:

Londres:
Peter Kindersley, Scott Steedman,
Bob Gordon, Helen Parker, Julia Harris,
Louise Barratt, Cynthia Hole.

París:
Pierre Marchand, Jean-Olivier Héron,
Christine Baker, Anne de Bouchony,
Catherine de Sairigné-Bon.

Madrid:
María José Gómez-Navarro,
María Puncel, Juan José Vázquez.

Asesoría especial de: The Department of Egyptian
Antiquities, Museo Británico.

Tradución de Pedro Barbadillo.

Título original: Eyewitness Guides.
Volume 44: Mummy.

Publicado originalmente en 1993 en Gran Bretaña
por Dorling Kindersley Limited, 9 Henrietta St.,
London WC2E 8PS,

y en Francia por Éditions Gallimard, 5 rue Sébastien
Bottin, 75008 Paris.

Copyright © 1993, Dorling Kindersley Limited, Londres,
y Éditions Gallimard, París.

© 1993, Santillana, S. A.,
de la presente edición en lengua española.
Elfo, 32. 28027 Madrid.
Beazley, 3860. 1437 Buenos Aires.
ISBN: 84-372-3777-7.

Printed in Singapore by Toppan Printing Co. (S) Pte Ltd.

Cabeza de una momia egipcia

Envoltorio de una momia
chimú del antiguo Perú

Ataúd de madera
dorada de una antigua
sacerdotisa egipcia,
hacia 1250 a. de C.

Sumario

Vasija egipcia que contiene vendas de hilo de una momia, hacia el 2000 a. de C.

¿Qué son las momias?

Las momias son los cuerpos conservados de personas o animales. El término fue utilizado por vez primera para describir los cuerpos vendados de los antiguos egipcios. Pero cualquier cuerpo muerto que aún conserve la piel es una momia. Si la gente muere o es enterrada en condiciones adecuadas, puede momificarse (conservarse) por accidente (págs. 8-9). Esto puede suceder en lugares húmedos y pantanosos (págs. 58-59), en el frío glacial de las montañas o en las regiones polares. Pero lo más frecuente es que los cuerpos se conserven desecándose. Muchas culturas han desarrollado un proceso químico —llamado embalsamamiento— para conseguirlo artificialmente. Los antiguos egipcios son famosos por su habilidad para embalsamar y sus complicadas costumbres de enterramiento. Pero gente de todo el mundo ha practicado el embalsamamiento de cadáveres. Dondequiera que se practique, la momificación se realiza por motivos religiosos. La mayoría de las culturas creen en algún tipo de vida futura (vida después de la muerte). Preservando el cuerpo de una persona muerta en forma reconocible, esperan prepararlo para una vida futura mejor.

Al contrario que las momias, los animales disecados no son, por lo general, más que pieles secas con plumas o pelo. Los taxidermistas los mantienen en posición con un armazón para darles la misma apariencia que cuando estaban vivos.

Las momias egipcias eran impregnadas con resinas de color oscuro. Los árabes, que invadieron Egipto el siglo VII, creyeron que era betún y las llamaron *mummiya*, palabra árabe que significa betún.

A veces se momifican personas famosas. El líder revolucionario ruso Vladimir Lenin fue preservado empleando una técnica secreta en la que se utilizó parafina. Millones de personas han viajado a Moscú para contemplarle de cuerpo presente en la Plaza Roja.

Esta es una de las momias egipcias más antiguas, del 2400 a. de C. Las momias egipcias están, a menudo, cuidadosamente envueltas en cientos de metros de vendas de hilo (págs. 16-17).

Los egipcios creían que el alma de una persona abandonaba el cuerpo en el momento de la muerte (págs. 12-13). Después del entierro, el alma se reunía con el cuerpo y la momia vivía una vida futura. Para que esto sucediera, el cuerpo debía ser bien preservado. Luego se le envolvía y se depositaba en un ataúd o caja de momia. La técnica del embalsamamiento se desarrolló gradualmente durante la larga historia del antiguo Egipto. Alcanzó su máximo esplendor hacia el año 1000 a. de C., pero en el siglo III aún seguían siendo embalsamados los romanos que vivían en Egipto (págs. 42-43). Esta momia bien envuelta de un hombre de 50 años data probablemente del Último Período (Imperio Bajo), entre 1085 y 305 a. de C. (pág. 10).

Falsa barba

Momia envuelta en vendas de hilo

Base de la caja de la momia

Algunos sacerdotes budistas de Japón practicaban la costumbre de la momificación. Las momias se colocaban en templos donde eran veneradas como estatuas. A los sacerdotes momificados se les daba el título de *Nikushin-butsu*, que significa «Buda del cuerpo». Este es el sacerdote Tetsumonkai. Participó en su propia momificación, siguiendo una dieta especial exenta de cereales durante tres años, antes de su muerte en 1829. Luego, los otros sacerdotes ahumaron su cuerpo con el humo de unas enormes velas.

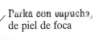

Parka con capucha, de piel de foca

Esta calavera de la momia de una mujer egipcia data del 1600 a. de C., aproximadamente. Como a veces sucede, la carne se ha descompuesto, pero el pelo, más resistente, se ha conservado.

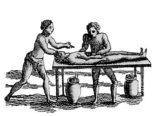

Los antiguos embalsamadores egipcios se dieron cuenta de que lo primero que se descomponía eran los órganos internos de un cuerpo. Por ello, extraían los pulmones, el hígado, el estómago y los intestinos, por una incisión que practicaban en el costado izquierdo (págs. 14-15). El cerebro lo extraían normalmente por la nariz. El cuerpo vacío podía entonces secarse, cubriéndolo con natrón, una sal que se encuentra en la naturaleza. Embalsamar significa literalmente «en bálsamo», un aceite de olor dulce. Una vez secadas, las momias egipcias eran untadas con ungüentos, aceites y resinas, para mantener la piel flexible y con aspecto de personas vivas.

Las momias egipcias eran enterradas en tumbas. En el Imperio Antiguo (2686-2160 a. de C.), los faraones (reyes egipcios) construyeron tumbas piramidales. Son las famosas pirámides de Gizéh. En la construcción de la mayor de las tres, la Gran Pirámide de Keops, se emplearon 2.300.000 bloques de piedra y alcanza una altura de 146 m. Como las momias eran enterradas en su interior con muchos tesoros, las pirámides fueron saqueadas en tiempos antiguos.

Tapa de caja de momia

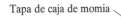

Figuras pintadas de dioses

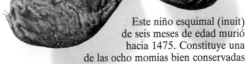

Este niño esquimal (inuit) de seis meses de edad murió hacia 1475. Constituye una de las ocho momias bien conservadas descubiertas en 1972 en un escarpado acantilado de Groenlandia. De acuerdo con la tradición inuit, lo vistieron con ropas cálidas y dejaron a su lado objetos que le sirvieran en el otro mundo. Protegido del sol y de la nieve por un saliente rocoso, el cuerpo del niño se fue deshidratando poco a poco por congelación, debido al frío aire ártico (pág. 63).

Probablemente, el faraón más conocido es Tutankhamón (págs. 38-39). No fue un gobernante importante, pero su tumba intacta, encontrada en 1922, estaba aborrotada de tesoros y hermosas obras de arte. Esta es la mascarilla de la momia, de oro macizo. Comparada con las de otros faraones, su momia estaba en peores condiciones.

Momias naturales

ALGUNAS DE LAS MOMIAS MÁS NOTABLES se han conservado por accidente. Las momias naturales se encuentran, normalmente, en climas extremos, en los que las arenas secas o el frío glacial han detenido de alguna forma el proceso de descomposición. La descomposición la originan bacterias que se reproducen en el agua, que constituye más del 70 por 100 del peso del cuerpo de una persona. Las arenas calientes del desierto pueden conservar un cuerpo, deshidratándolo. Los cuerpos enterrados en las heladas regiones polares pueden congelarse tan completamente que no se inicia la descomposición. Ocasionalmente, los cuerpos se han deshidratado por una combinación de temperaturas frías y vientos muy secos, como los encontrados en algunas cuevas de montaña (págs. 7, 63). En el norte de Europa, las condiciones inusuales que se encuentran en zonas pantanosas han permitido conservar cuerpos notablemente bien.

Cuchillo de pedernal enterrado en arena junto a un cuerpo.

Por todo el mundo, los muertos son enterrados con hermosos objetos. Eso se hace, normalmente, por motivos religiosos. Esta vasija, de 5.000 años de antigüedad, formaba parte de un cementerio en un terreno arenoso. Tenía por objeto contener alimentos que la persona muerta pudiera necesitar en la otra vida.

Piel seca, tensamente adherida al esqueleto

Rodillas recogidas contra el pecho

Paleta de pizarra en forma de tortuga

Las momias más antiguas que se conocen datan de alrededor del 3200 a. de C. Esto es justo antes de los primeros documentos escritos, por lo que se conoce muy poco de ellas. La persona muerta se colocaba en una tumba sencilla, que no era más que un agujero ovalado poco profundo. El cuerpo se colocaba en cuclillas, con la cabeza hacia el sur y el rostro vuelto hacia el oeste, hacia el sol poniente. Luego se cubría de arena, que lo momificaba de forma natural. Los numerosos objetos enterrados con las «momias de arena» demuestran que los egipcios ya creían en otra vida después de la muerte. Las toscas tumbas tienen que haberse perdido pronto entre las arenas movedizas del desierto y el descubrimiento por accidente de esos cuerpos con apariencia de vivos puede haber alentado las creencias de los egipcios. La momia de arena más famosa recibe el apodo de «Ginger» (rojizo) debido a su pelo rojo. Esta momia de mujer, que también se encuentra en el Museo Británico, recibe el nombre de «Gingerella».

Los objetos más curiosos encontrados en los enterramientos en arena fueron paletas de pizarra. Se empleaban para pulverizar productos empleados en el maquillaje y desempeñaban también un papel mágico.

Collares de cuentas y conchas

Más de 2.000 romanos murieron el año 79, cuando la ciudad de Pompeya fue sepultada como consecuencia de una enorme erupción del Vesubio. La ceniza volcánica rodeó sus cuerpos como si fuera cemento húmedo. Con el transcurso de los años los cuerpos se descompusieron y la ceniza se convirtió en sólida roca. Quedó un molde perfecto del cuerpo. Al excavar las ruinas de Pompeya se descubrieron estos huecos de los cuerpos y se desarrolló un método para rellenarlos de yeso líquido. Así se obtuvo una réplica perfecta de la persona muerta, como una momia con carne de yeso.

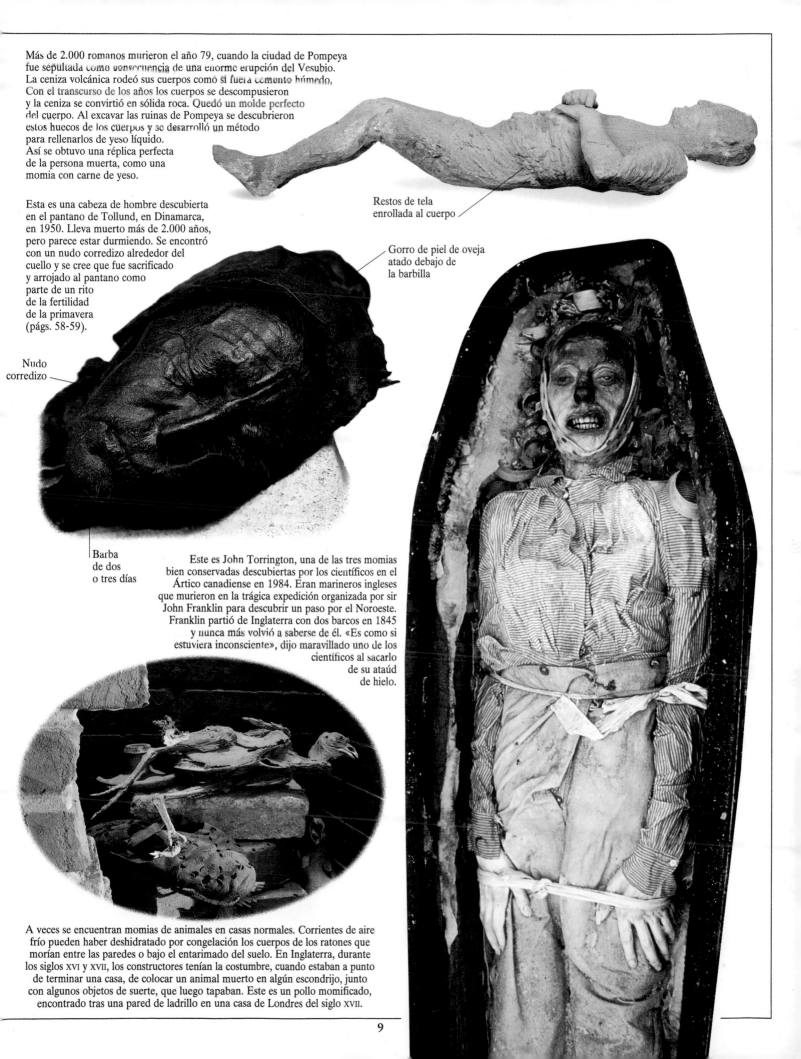

Restos de tela enrollada al cuerpo

Esta es una cabeza de hombre descubierta en el pantano de Tollund, en Dinamarca, en 1950. Lleva muerto más de 2.000 años, pero parece estar durmiendo. Se encontró con un nudo corredizo alrededor del cuello y se cree que fue sacrificado y arrojado al pantano como parte de un rito de la fertilidad de la primavera (págs. 58-59).

Gorro de piel de oveja atado debajo de la barbilla

Nudo corredizo

Barba de dos o tres días

Este es John Torrington, una de las tres momias bien conservadas descubiertas por los científicos en el Ártico canadiense en 1984. Eran marineros ingleses que murieron en la trágica expedición organizada por sir John Franklin para descubrir un paso por el Noroeste. Franklin partió de Inglaterra con dos barcos en 1845 y nunca más volvió a saberse de él. «Es como si estuviera inconsciente», dijo maravillado uno de los científicos al sacarlo de su ataúd de hielo.

A veces se encuentran momias de animales en casas normales. Corrientes de aire frío pueden haber deshidratado por congelación los cuerpos de los ratones que morían entre las paredes o bajo el entarimado del suelo. En Inglaterra, durante los siglos XVI y XVII, los constructores tenían la costumbre, cuando estaban a punto de terminar una casa, de colocar un animal muerto en algún escondrijo, junto con algunos objetos de suerte, que luego tapaban. Este es un pollo momificado, encontrado tras una pared de ladrillo en una casa de Londres del siglo XVII.

Perdido en el tiempo

LOS ANTIGUOS EGIPCIOS hicieron grandes esfuerzos para preservar sus cuerpos y sus posesiones materiales. Esto ha ayudado a volver a descubrir el antiguo Egipto. La civilización de los faraones floreció a orillas del río Nilo durante más de 3.000 años. Había sido virtualmente olvidada hasta que los franceses invadieron Egipto en 1798. Los viajeros que visitaron el país se quedaron asombrados ante sus antiguos monumentos y tumbas, cubiertos de misteriosos jeroglíficos (signos y figuras). Desde tiempos muy antiguos, la gente ha estado reabriendo tumbas en busca de tesoros. Pero hasta muy recientemente, apenas prestaban atención a las momias. Ahora sabemos que, con ayuda de la ciencia moderna, estos cuerpos eternos pueden decirnos cosas asombrosas sobre la vida y la muerte de los pueblos antiguos.

Egipto es, en su mayor parte, un desierto y la vida se ha concentrado siempre a orillas del río Nilo. En la Antigüedad, el territorio estaba frecuentemente dividido en dos partes. La parte norte, que incluía el fértil delta del Nilo, recibía el nombre de Bajo Egipto. En el sur se encontraba el Alto Egipto, que incluía una gran zona, ahora inundada por la presa de Asuán.

El período que denominamos antiguo Egipto comenzó alrededor del 3000 a. de C. La pirámide de Sakkara fue construida alrededor del 2650 a. de C. en el Imperio Antiguo. Éste fue seguido de los Imperios Medio y Nuevo y el Período Posterior y, luego, una época en que gobernaron Egipto los griegos y, más tarde, los romanos.

En las tumbas se colocaban estatuas por motivos religiosos. Esta estatua de madera pintada representa al dios Anubis. Tiene cabeza de chacal o perro salvaje. Anubis era el dios de la momificación y guardián de los cementerios.

Después de ser embalsamada y envuelta, la momia se colocaba en un ataúd. Éste podía ser el primero de una serie de ataúdes o cajas. Los egipcios creían que estas cajas protegerían mágicamente el cuerpo. Las cubrían de complicadas pinturas e invocaciones para ayudar al espíritu de la momia en su difícil tránsito a la otra vida.

Los antiguos egipcios ponían un cuidado especial en conservar los rasgos del rostro. Esto se debía a que creían que el espíritu de la persona muerta tenía que regresar a la tumba y reconocer su cuerpo, antes de que la momia pudiera vivir eternamente (págs. 12-13).

Huellas de vendas de lino impresas en la piel

Los franceses fueron los primeros europeos que estudiaron seriamente el antiguo Egipto. Cuando Napoleón Bonaparte invadió Egipto en 1798, llevó consigo un equipo de eruditos y artistas. Se sentía fascinado por aquel antiguo país y él mismo se ocupó de recoger algunas momias.

Los antiguos egipcios decoraban las paredes de las tumbas con bellas pinturas que nos decían mucho sobre su vida diaria. Se han encontrado pinturas que muestran a la gente cultivando la tierra, cazando, comiendo, descansando y participando en ceremonias religiosas y reales.

Excavar en el clima abrasador y polvoriento de Egipto es cansado. Esta es una excavación de hacia 1900. En aquella época, las momias se vendían a precios elevados. En los siglos XVI y XVII eran pulverizadas y utilizadas en medicinas (pág. 40).

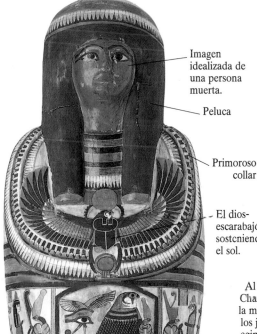

Imagen idealizada de una persona muerta.

Peluca

Primoroso collar

El dios-escarabajo sosteniendo el sol.

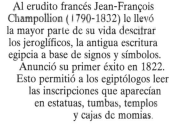

Al erudito francés Jean-François Champollion (1790-1832) lo llevó la mayor parte de su vida descifrar los jeroglíficos, la antigua escritura egipcia a base de signos y símbolos. Anunció su primer éxito en 1822. Esto permitió a los egiptólogos leer las inscripciones que aparecían en estatuas, tumbas, templos y cajas de momias.

Primera página de *La descripción de Egipto*, publicada de 1809 a 1822 por el equipo de eruditos que acompañó a Napolón.

Dentro de las envolturas de esta momia hay un hombre romano de mediana edad. Los rayos X han demostrado que sufría de artritis en la columna vertebral.

Invocación por el alma de una persona muerta, escrita en forma de jeroglífico.

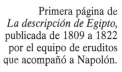

Dioses alados

Ankh (cruz egipcia), símbolo de vida.

Las cajas de las momias están cubiertas de símbolos religiosos destinados a servir de alivio a la persona muerta. Sólo cuando fueron capaces de leer los jeroglíficos pudieron los egiptólogos comenzar a comprender las complicadas creencias religiosas de los egipcios. Las escrituras dan, a menudo, el nombre y título de la persona muerta y, a veces, también los de su padre y su madre.

El Libro Egipcio de los Muertos

AUNQUE SE LLAMA LIBRO, el Libro Egipcio de los Muertos es, en realidad, una colección de invocaciones mágicas. Fueron escritas, hacia el año 1400 a. de C., normalmente en un rollo de papiro, la forma de papel empleada por los egipcios. Eran más de 200 invocaciones, que los egipcios llamaban «Invocaciones para aparecer de día». Cada invocación era una oración o súplica de la persona muerta y tenía por objeto ayudarle en su difícil viaje al otro mundo. Los antiguos egipcios creían que el alma de cada persona adoptaba diversas formas, siendo las más importantes la *Ka* y la *Ba*. La *Ka* era la energía vital de la vida. Como cualquier ser vivo, la *Ka* necesitaba alimento y bebida, que los egipcios proporcionaban a través de ofrendas o imágenes de alimentos colocados en la tumba (pág. 31). El carácter de una persona y su capacidad para moverse libremente se denominaba *Ba*. La *Ba* es algo así como nuestra idea del espíritu o alma de una persona y se representaba, normalmente, en forma de pájaro. Para que una persona viviera eternamente, su *Ba* y su *Ka* tenían que reunirse con la momia en la tumba. Una vez que sucedía esto, la momia se volvía inmortal (o *Akh*).

Aparecen pintadas figuras shabtis (págs. 32-33) con una invocación en la que se promete que trabajarán en la otra vida para la persona muerta.

Este escarabajo sagrado de oro es un amuleto (págs. 20-21) que llevaba la momia para su protección. Lleva inscrita una invocación para ayudar al corazón cuando fuera pesado (pág. 13).

Este pájaro *Ba* proviene del famoso Libro de los Muertos dibujado por el escribiente Ani. Va acompañado de una invocación destinada a unir la *Ba* con su momia.

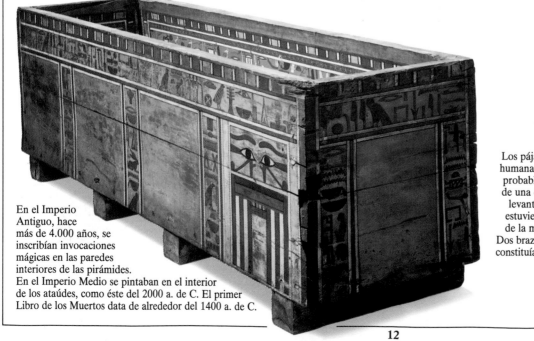

En el Imperio Antiguo, hace más de 4.000 años, se inscribían invocaciones mágicas en las paredes interiores de las pirámides. En el Imperio Medio se pintaban en el interior de los ataúdes, como éste del 2000 a. de C. El primer Libro de los Muertos data de alrededor del 1400 a. de C.

Los pájaros *Ba* tienen cabeza humana. Esta estatuilla estuvo probablemente situada al pie de una caja de momia. La *Ba* levanta los brazos como si estuviera diciéndole al alma de la momia que se levante. Dos brazos humanos extendidos constituían el símbolo jeroglífico de la *Ka*.

Utensilio ahorquillado empleado para tocar el rostro de la momia.

Juego de utensilios empleados en la Apertura de la Boca

Azuela, empleada para sostener el rostro de la momia

Durante el funeral, la momia pasaba por un importante ritual llamado la Apertura de la Boca. Los antiguos egipcios creían que esto devolvería los sentidos a la momia, de forma que pudiera comer, beber y disfrutar adecuadamente en la otra vida. Esta ilustración procede del Libro de los Muertos del escribano Hunefer, del 1310 a. de C., aproximadamente.

Esta máscara de Anubis tiene una mandíbula móvil. Puede haberla llevado un sacerdote durante rituales tales como la Apertura de la Boca.

Sacerdote ataviado con una piel de leopardo quemando incienso.

Ofrenda de alimentos

Sacerdotes

Momia

Dios Osiris

Plañideras

Sacerdote llevando puesta la máscara de Anubis

Tribunal de dioses sentados para un juicio

El momento más importante en la «vida» de una momia era la pesada de su corazón. En esta ceremonia, un tribunal de dioses decidía si la momia se había comportado lo suficientemente bien en la tierra para merecer la vida eterna. Esto se deducía pesando el corazón de la momia frente a una pluma, símbolo de la verdad. El dios chacal Anubis celebraba la ceremonia y Toth, el dios escribano, tomaba notas. Si los pecados cometidos en la Tierra habían hecho demasiado pesado el corazón, era arrojado al monstruo Ammit, que lo devoraba. Pero si el corazón se equilibraba con la Pluma de la Verdad, la momia pasaba la prueba y podía vivir eternamente.

Un hombre muerto y su esposa observan ansiosamente

Pájaro *Ba*

Corazón

Anubis, el dios chacal, pendiente de la balanza

Pluma de la Verdad

Toth, el dios escribano, anota el resultado

Ammit, el monstruo con cabeza de cocodrilo, aguarda para devorar el corazón

Esta estatua de madera de Osiris, dios del renacimiento (págs. 34-35), estaba colocada en una tumba. Tiene un compartimiento secreto en el que se ocultaba el Libro de los Muertos.

Rollo de papiro

Base

Compartimiento secreto

Los escribanos, antiguos escribientes de Egipto, a cuya profesión dedicaban todo el día, copiaban normalmente el Libro de los Muertos en papiro. Esta planta herbácea crecía en las riberas del Nilo. Se entrelazaban tiras de papiro, que luego se golpeaban para formar largos rollos parecidos al papel.

Preparación de una momia

Chacal de madera que representa a Anubis, dios del embalsamamiento

«MI CUERPO ES PERMANENTE, no perecerá ni será destruido nunca en esta tierra.» Así termina la invocación 154 del Libro de los Muertos (págs. 12-13). De los primitivos enterramientos en arena, de hace 5.000 años (pág. 8), los egipcios aprendieron que había que secar un cuerpo para que no se descompusiera. Desarrollaron un método de secado con natrón, una sal natural que dejaba el cuerpo más flexible y con más apariencia de vida que secándolo con arena caliente. El natrón absorbe el agua. Disuelve también las grasas del cuerpo y es un antiséptico suave que extermina las bacterias destructivas. El embalsamamiento de la forma tradicional se prolongaba durante 70 días, de los que 40 se empleaban en secar el cuerpo. Pero, en primer lugar, había que extraer los órganos vitales, que se descomponen más rápidamente. Sólo se dejaba el corazón, que la momia podía necesitar cuando fuera juzgada en el otro mundo (pág. 13). El cuerpo se lavaba luego con vino de palma y especias y se cubría con natrón. Posteriormente, se esparcía sobre el cuerpo resina fundida, extraída de árboles, que contribuían a su conservación. Para evitar que se agrietara, la piel se frotaba con aceite de cedro, cera, natrón y resina. El cuerpo se rellenaba entonces con manojos de lino, arena e, incluso, serrín, para darle su forma. Finalmente, la momia estaba preparada para ser envuelta en varias capas de vendas de lino.

El historiador griego Herodoto visitó Egipto el 450 a. de C. y escribió el único relato de un testigo ocular de un embalsamamiento. «En el mejor tratamiento», escribió, «lo primero de todo extraen el cerebro por la nariz, con la ayuda de un garfio de hierro... Luego practican una incisión en el flanco con una afilada cuchilla de obsidiana, a través de la cual pueden extraer los órganos internos. Luego limpian la cavidad interna con vino de palma... (luego) cubren el cuerpo con natrón durante setenta días, pero no más, y así lo momifican. Una vez transcurridos los setenta días, lavan el cuerpo y lo envuelven de la cabeza a los pies con vendas del más fino lino impregnado en resinas».

Imsety, con cabeza humana, alojaba el hígado

Qebehsenuef, un halcón, contenía los intestinos

Hapy, un babuino, vigilaba los pulmones

Duamutef, un chacal, guardaba el estómago

Los órganos internos de la momia eran embalsamados aparte. Hacia el 2000 a. de C., los colocaban en unos recipientes llamados canopes. Estos pequeños ataúdes tenían cabezas, bien de dioses o de la persona muerta. Hacia el 1000 a. de C., los órganos envueltos se volvían a introducir en la momia. Pero aún seguían colocándose canopes vacíos en la tumba. Estas cuatro figurillas tienen cabezas de cuatro dioses conocidos como los Hijos de Horus (pág. 20).

El cuerpo, colocado sobre unas andas, se cubre con cristales secos de natrón.

Cuerpo   Embalsamadores vertiendo agua   El cuerpo, negro a causa de los aceites y las resinas, es purificado con chorros de agua

Embalsamadores   Embalsamador principal portando la máscara de Anubis

Tapones de madera

Tarros de calcita

Este cofre de madera perteneció a un médico llamado Gua, que murió hacia el 2050 a. de C. Contiene sus cuatro canopes. Tienen cabezas humanas, ya que hasta el 1500 a. de C. no se popularizaron los Hijos de Horus como tapones.

Soporte para la cabeza

Normalmente se empleaba una varilla, que se introducía por la nariz, para practicar un orificio en el cráneo. Luego se metían unos garfios o cucharas para extraer el cerebro.

Incisión para embalsamar

El natrón, que es una sal natural, se encontraba en las orillas de los lagos del desierto, cerca de El Cairo.

Placa de cera de embalsamar, decorada con un ojo wedjat

Cuchillo ritual, con mango de oro y hoja de pedernal

Los cementerios, las tumbas y los talleres de los embalsamadores estaban situados, por lo general, en la orilla occidental del Nilo. Los egipcios creían que esta zona desértica, por donde se pone el sol todas las tardes, era la tierra de los muertos.

La incisión para el embalsamamiento se practicaba en el lado izquierdo del cuerpo. Herodoto dice que la hoja del cuchillo era de obsidiana, una especie de vidrio volcánico que tenía que ser importado de Etiopía. Pero todos los cuchillos rituales que se han encontrado tienen hojas de pedernal. Una vez que eran extraídos los órganos, la incisión se tapaba con una placa decorada con un ojo wedjat (pág. 20).

Momia vendada

Las mejores pinturas sobre el embalsamamiento son las de la caja de momia de Djedbastiufankh de, aproximadamente, el 600 a. de C. Esta caja se encuentra ahora en el Museo Hildesheim de Alemania.

Canopes

La momia, vendada y cubierta con una mascarilla (págs. 18-19), es atendida por Anubis

Teniendo en cuenta que fue momificada después del 600 a. de C., aproximadamente la época en que Herodoto visitó Egipto, esta mujer ha sido excelentemente bien embalsamada. Por aquella época, el imperio se estaba derrumbando y había decaído el arte del embalsamamiento. Los embalsamadores seguían procurando que el aspecto exterior de la momia fuera bueno, pero no se preocupaban mucho del interior.

Anillo de oro

Cada dedo de esta mano de 3.000 años de antigüedad ha sido vendado separadamente. Lleva un anillo de oro con un escarabajo (pág. 44). Se hacían anillos y otras joyas especialmente para las momias.

Envoltura

SE NECESITABAN CIENTOS DE METROS de venda de lino para envolver cuidadosamente una momia. El lino no se empleaba sólo en forma de vendas. Las momias se envolvían también en sudarios, grandes sábanas del mismo material, que se ponían sobre el cuerpo como si fuera una capa. Un sudario tenía que ser suficientemente largo, para que pudiera anudarse en la parte superior, encima de la cabeza de la momia, y en la inferior, debajo de los pies.

Hasta 20 capas alternativas de vendas y sudarios se han encontrado en una momia. La exacta disposición de las vendas y sudarios de lino variaban mucho de un período a otro y sirven para fijar la antigüedad de una momia. La primera capa era, normalmente, un sudario. Luego, se envolvían separadamente cada uno de los dedos de las manos y los pies. A continuación, se entrecruzaba una larga tira de lino sobre la cabeza, empezando en el hombro derecho. Para mantener derecha la cabeza, se pasaba una tira por debajo de la barbilla y se anudaba en la parte superior de la cabeza. A medida que se iban empleando más vendas, se mantenían muy prietas para mantener la forma característica de la momia. Entre las capas se colocaban amuletos protectores (págs. 20-21) y, a veces, joyas pertenecientes a la persona muerta. Al mismo tiempo, el lino iba siendo constantemente impregnado con una resina líquida y pegajosa. De esta forma, las vendas se pegaban entre sí y se endurecían poco a poco a medida que se secaban. El vendado de la momia duraba unos 15 días y el proceso iba acompañado de oraciones y ritos.

La envoltura se completaba con un sudario que cubría toda la momia y se sujetaba con una larga venda que iba de la cabeza a los pies, siendo cruzada por vendas horizontales.

Inscripción en forma de jeroglífico.

Los números tenían muchos significados para los antiguos egipcios. Tradicionalmente, las momias se envolvían en siete sudarios, ya que éste era un número mágico. El sudario exterior estaba pintado a menudo con escritos e invocaciones mágicas para proteger a la momia que había dentro.

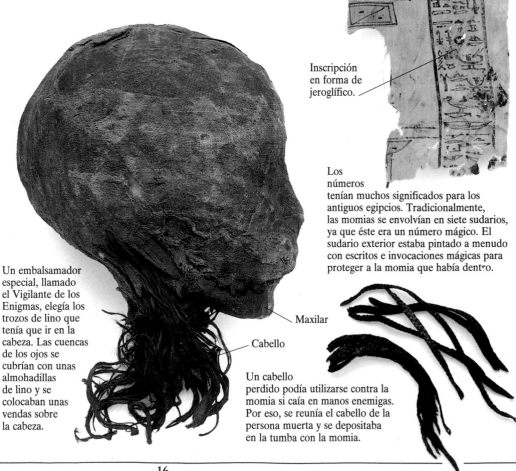

En esta pintura imaginaria del proceso de envolver una momia, un ayudante está vertiendo la resina utilizada para mantener las vendas unidas entre sí. Colocada en unas andas especiales, la momia va siendo envuelta por etapas, supervisado todo ello por el embalsamador jefe. Unos sacerdotes arrodillados a los pies de la momia recitan invocaciones sagradas. Al fondo, otros ayudantes tratan de bajar la caja de la momia (págs. 22-27) por las escaleras.

Un embalsamador especial, llamado el Vigilante de los Enigmas, elegía los trozos de lino que tenía que ir en la cabeza. Las cuencas de los ojos se cubrían con unas almohadillas de lino y se colocaban unas vendas sobre la cabeza.

Maxilar

Cabello

Un cabello perdido podía utilizarse contra la momia si caía en manos enemigas. Por eso, se reunía el cabello de la persona muerta y se depositaba en la tumba con la momia.

Último
sudario

Escrito
utilizado
para fijar la
fecha del lino.

Todas las envolturas que se muestran en la parte
superior proceden de la misma momia. La calidad
de la tela es muy variada. La más barata es ropa usada
de casa. Esto explica una triste canción fúnebre egipcia en la que
se dice que la persona muerta descansaba en la «ropa vieja
desechada». Esta tela doméstica está muy desgastada y ha sido
zurcida a menudo. Las mejores envolturas de momias eran
telas utilizadas para vestir las estatuas de los dioses de los
templos. Los escritos que aparecen en las telas pueden
utilizarse para fijar la antigüedad de las momias.

Un arqueólogo francés
descubre una momia en las
ruinas de Antinoe en 1896.

Dentro de estas envolturas se
encuentra el cuerpo de un niño
romano. Los rayos X muestran que
tenía unos ochos años cuando
murió. Tiene las manos a los
lados y lleva un brazalete
en la muñeca derecha.

Hasta las
uñas de los dedos de este
pie bellamente vendado han
sido envueltas individualmente.

17

Mascarillas de momias

Una hermosa mascarilla no sólo servía para proteger el rostro de la momia, sino que hacía de cabeza de repuesto si la verdadera cabeza de la momia se perdía o resultaba dañada. Cuando el alma de la persona muerta (el *Ba*, pág. 12) regresaba a la tumba, podía reconocer a la momia por su mascarilla. Una de las obras de arte más famosas del mundo es la asombrosa mascarilla de oro que llevaba la momia de Tutankhamón (págs. 7, 39). Es posible que las mascarillas de los faraones fueran todas de oro macizo, incrustadas a menudo de hermosas piedras preciosas. El empleo del oro estaba relacionado con la creencia de que el dios sol, con quien la momia esperaba reunirse, tenía carne de oro puro. Las momias menos importantes llevaban mascarillas de cartón, preparadas a la manera del papel maché con tela o desechos de papiro impregnadas de yeso o resina. El cartón humedecido se moldeaba para ajustarlo a la momia. Una vez endurecido, podía dorarse o pintarse con hermosos colores.

Guirnalda de flores

Pendientes de oro

Collar de cuentas

Escarabajo alado

Flor sagrada

Pulsera

Esta mascarilla de momia romana muestra a una mujer ataviada con sus mejores ropas y llevando sus joyas preferidas. Está, incluso, maquillada, de forma que pudiera mostrar su mejor aspecto ante los dioses.

Oración a Osiris para que proporcione alimentos.

Oración a Anubis para tener un buen entierro.

Tocado de oro en forma de alas de buitre.

Peluca a rayas

Esta mascarilla de cartón del 1900 a. de C., aproximadamente, perteneció a una mujer rica. No ha sido identificada, pero el hermoso tocado en forma de alas de buitre que lleva sugiere que puede haber sido una princesa.

Relieve recubierto de oro

Las mascarillas de cartón para las momias fueron especialmente populares en las épocas griega y romana (págs. 42-43). En esta elegante mascarilla dorada abunda la decoración en relieve, característica típica de la época.

Guirnalda
de flores

Peluca
rizada

Orejas
perforadas
para llevar
tachones.

Esta mascarilla fue
tallada en madera
y luego pintada. Es
del 1350 a. de C.,
la misma época en
que Tutankhamón
fue faraón
(págs. 38-39).

Las mascarillas del antiguo Egipto se
idealizaban, por lo general, y presentaban
rasgos perfectos y una expresión noble
y serena. Las momias griegas (págs. 42-43)
llevaban mascarillas más personales, con
rasgos realistas y detalles ingeniosamente
pintados. Estas mascarillas parece que
representan a personas auténticas.

Collar de pétalos de loto

Tiras de tela
que sujetan
la mascarilla
y el pectoral.

Pectoral, un objeto
de cartón pintado
para decorar el pecho.

Una vez terminados
los prolijos procesos
de embalsamamiento
y envoltura, se colocaba
finalmente la mascarilla
sobre la cabeza de la momia
y se sujetaba bien con
más tiras de tela. A veces
se añadían también un
pectoral decorado
(pág. 27) y un envoltorio
para los pies.

Ojo de Horus
(wedjat)

Pájaro *Ba* (alma)

Esta mascarilla de cartón
del período romano está
dorada y decorada con
muchas escenas religiosas.
Se incluyeron ojos de
vidrio para darle
un aspecto más real.

Dioses sosteniendo
la pluma de la verdad

Amuletos y dijes mágicos

LOS ANTIGUOS EGIPCIOS LLEVABAN AMULETOS después de su muerte, de la misma forma que los llevaban en vida. Creían que estos dijes tenían propiedades mágicas que protegían el cuerpo del mal o que les traían buena suerte. Entre las envolturas de la momia se colocaban muchas clases diferentes de amuletos que representaban frecuentemente plantas, animales o partes del cuerpo. En una sola momia se han llegado a encontrar varios cientos de amuletos. Estaban colocados sobre el cuerpo de acuerdo con el Libro de los Muertos (págs. 12-13) y muchos de ellos llevaban inscritos extractos de estas escrituras sagradas. Se creía que la piedra especial o el material con que estaba confeccionado el amuleto le comunicaban un mayor poder. Los sacerdotes solían recitar invocaciones y oraciones mientras se colocaban los sagrados amuletos en la momia.

Puño cerrado para comunicar facultad de acción.

Amuleto que representa a dos dedos y que se colocaba sobre la incisión del embalsamamiento.

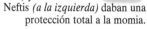

La diosa madre Isis *(a la derecha)*, su hijo Horus *(en el centro)* y su hermana Neftis *(a la izquierda)* daban una protección total a la momia.

Según una antigua leyenda, el dios Horus recuperó milagrosamente el ojo que había perdido en una lucha con el demonio. Este símbolo, conocido como ojo wedjat, está relacionado con las curaciones. Se creía que preservaba la salud de la momia y daba al cuerpo nueva vitalidad.

Taweret

Bes

Taweret, la hembra hipopótamo preñada, era la diosa del parto. Su ayudante, el melenudo Bes, era un enano de aspecto descarado que protegía a las mujeres.

Estos amuletos contenían los órganos vitales, que normalmente se extraían y se colocaban en canopes (págs. 14-15) de cerámica esmaltada.

Este disco de bronce se colocaba bajo la cabeza de la momia. Lleva inscrita una invocación que tiene por objeto mantener la cabeza caliente.

Imsety
(cabeza humana)

Duamutef
(cabeza de chacal)

Qebehsenuef
(cabeza de halcón)

Hapy
(cabeza de babuino)

Peluca trenzada

Anillos auténticos

Tachones de piedra para las orejas

Cabezal (amuleto) de obsidiana.

Mascarilla dorada

Brazos de madera

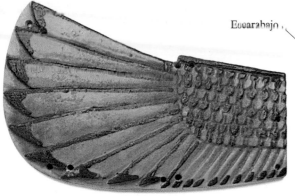

Escarabajo

Orificios para coserlo en las vendas

Alas de escarabajo, de cerámica

Los egipcios creían que la inteligencia residía en el corazón, no en el cerebro. Este amuleto en forma de corazón aseguraba que la momia llegaba al otro mundo con todo su ingenio intacto.

Escarabajo

Este amuleto con cerco en forma de nudo representa a Isis, la diosa madre. Es de piedra roja para representar su sangre. Colocado en el pecho, este amuleto era un poderoso símbolo que protegía a la momia.

Cabeza de halcón

Estos escalones simbolizan la escalera que conduce al trono de Osiris, que las almas de todas las momias tenían que subir (págs. 34-35).

Papiro (pág. 13)

Cabeza de leona

Amuleto de Isis

Contrapeso, elaborado en cerámica azul.

Corazón, elaborado con una piedra roja y blanca llamada brecha.

Este escarabajo sagrado no tiene alas. Estos importantes amuletos se montaban a menudo en un cerco y se cosían en la parte superior de la envoltura de la momia. Los antiguos egipcios creían que el escarabajo nacía milagrosamente de una bola de estiércol (pág. 44). Por eso no debe sorprender que lo asociaran con el renacimiento después de la muerte. En la parte posterior del amuleto hay escrita una invocación del Libro de los Muertos que ayudará al difunto a la hora de la pesada del corazón (pág. 13).

Shen, un círculo de cuerda, símbolo de plenitud y eternidad.

Escarabajo

Placa en la que aparece Anubis

Figura shabti

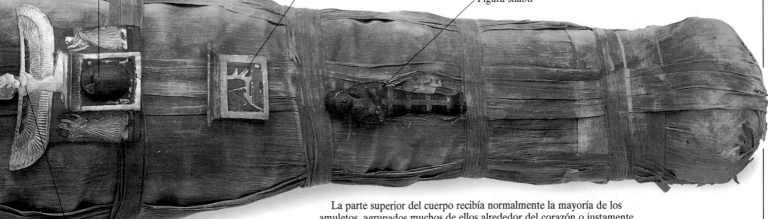

La parte superior del cuerpo recibía normalmente la mayoría de los amuletos, agrupados muchos de ellos alrededor del corazón o justamente debajo de la cintura. Esta momia femenina está protegida por una exquisita selección de amuletos, aunque la mayoría de ellos están ocultos entre las vendas. La momia lleva también algunas de sus joyas preferidas.

Nut, diosa del cielo, envolviendo a la momia con sus alas

Base del ataúd externo de la momia.

Base del ataúd interno de la momia.

Tapa del ataúd externo de la momia

Mitad superior dorada.

Cobertura de la momia (superior e inferior).

Tapa del ataúd interno de la momia.

Ojos wedjat

Madera pintada

Madera totalmente recubierta de oro

Este nido constituido por varios ataúdes se hizo para Henutmehit, sacerdotisa de la capital egipcia de Tebas hacia el 1250 a. de C. La admirable decoración en oro hace pensar que era una persona muy importante. Su momia, que no ha sido encontrada, estaría protegida por una cobertura, que constaría de una parte superior y otra inferior, ambas de cartón. La momia se colocaba dentro de dos ataúdes de madera, adaptándose el interior al exterior. Ambos tienen ojos y cejas de un vidrio negro volcánico llamado obsidiana.

Ataúdes

Después de ser embalsamado y vendado, el cuerpo de un egipcio era colocado en un féretro o ataúd que protegía la momia de los animales salvajes y los ladrones de sepulcros, y, lo que es más importante, era considerado como cuerpo sustituto y como morada del alma de la persona muerta. Los ataúdes cambiaron mucho a lo largo de la dilatada historia de Egipto. Los primeros eran, generalmente, unas sencillas cajas rectangulares de madera. Durante el Imperio Medio, hacia el 2000 a. de C., la gente adinerada comenzó a emplear dos ataúdes para mayor protección. Por la misma época comenzaron a aparecer los primeros ataúdes con forma de momia. Durante el Imperio Nuevo, de 1567 a 1085 a. de C., eran corrientes los ataúdes tanto interno como externo, con forma de momia.

Hace unos 5.000 años, un antiguo egipcio fue colocado en esta cesta de junco y enterrado en la arena ardiente. Al igual que una momia de arena (pág. 8), fue colocado como si estuviera en cuclillas, con las rodillas a la altura del rostro. Pero la cesta impidió que la arena preservara el cuerpo, por lo que sólo permanece el esqueleto.

Esta pintura procede de las paredes de la tumba de Ipuy, un escultor que vivió durante el reinado de Ramsés el Grande (págs. 36, 50). Muestra unos obreros dando los toques finales a los ataúdes de madera de Ipuy.

Plumas de buitre protegen al dueño de esta tapa de ataúd. Es conocido como un ataúd *rishi*, que en árabe significa emplumado.

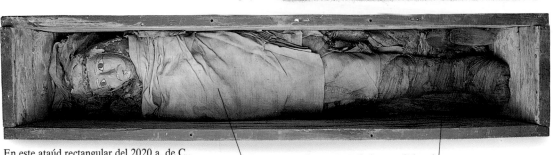

Cuerpo envuelto en un sudario   Cabezal   Ojos falsos

En este ataúd rectangular del 2020 a. de C., aproximadamente, yace un hombre provisto de mascarilla, llamado Ankhef. En algún momento debieron darle la vuelta, porque debería yacer sobre el lado izquierdo, con la cabeza apoyada en el cabezal que hay ahora a sus pies. Las momias a menudo están orientadas al este, de forma que pudieran ver al sol, símbolo de renacimiento, elevándose sobre el desierto todas las mañanas.

En el lado oriental de este ataúd interno de madera aparecen pintados unos falsos ojos (aprox. 2.000 a. de C.). Al colocarla sobre este lado, la momia podía «mirar fuera» a través de los ojos. Debajo de ellos se ve una puerta pintada, por la que podía salir y entrar en el ataúd el alma de la momia.

Puerta falsa

Continúa en la página siguiente

Tapa de ataúd
exterior

Ataúd interior

Momia con
mascarilla

Momia desprovista
de sus vendas

Este es uno de los diminutos juegos de ataúdes encontrados entre
los tesoros de la tumba de Tutankhamón (págs. 38-39). Contenía
el cuerpo momificado de una niña nonata, probablemente hija del rey.
La momia vendada llevaba un mascarilla y reposaba dentro de un
ataúd interior dorado que estaba situado dentro de un ataúd exterior
de menos de 50 cm de longitud.

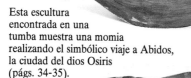

Esta escultura
encontrada en una
tumba muestra una momia
realizando el simbólico viaje a Abidos,
la ciudad del dios Osiris
(págs. 34-35).

Pies
calzados
con unas
sandalias.

Ataúd de madera de la
sacerdotisa Katebet,
de 1300 a. de C.,
aproximadamente.

La madera era ideal para fabricar ataúdes.
Pero en Egipto hay pocos árboles y las mejores
piezas de madera tenían que ser importadas.
Una excelente alternativa era el cartón
(pág. 18), que era barato, ligero y fácil
de adaptar y pintar.

Las abrazaderas de color rojo de
este ataúd interior constituyen una
característica corriente del período
comprendido entre los años 1000
y 800 a. de C. Demuestran que el
ocupante era un sacerdote o, como
en este caso, una sacerdotisa.
Los adornos de su pelo son
flores de loto (pág. 30).

Abrazaderas de color rojo

Esta parte delantera de color
rosa del ataúd muestra que
fue fabricado para una mujer.
Pero en la inscripción se dice
que el ocupante era un hombre,
un funcionario llamado
Nesperennub, que vivió hacia
el 800 a. de C. Era corriente
que los egipcios ocuparan con
frecuencia los ataúdes de
otras personas.

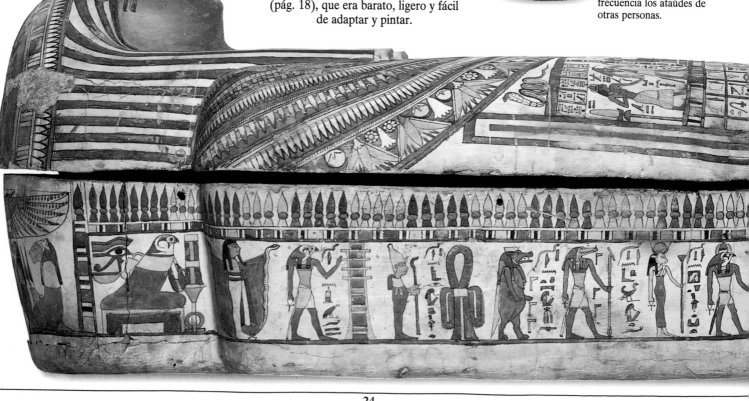

El ejército de Napoleón (págs. 10-11) exhumó muchos ataúdes de sus tumbas y los trasladó a Francia. La mayoría de ellos se encuentran ahora en París, en el Museo del Louvre.

Detalle de la pintura de Léon Cogniet en el techo de la sala de la Campana del Louvre, que muestra a uno de los soldados de Napoleón transportando un ataúd.

Los símbolos pintados en los ataúdes tenían como objeto proteger a la momia y ayudarle en su difícil viaje al otro mundo. Además de dioses y símbolos mágicos, entre los adornos se encuentran guirnaldas de flores, primorosos collares y pelucas y objetos de joyería. He aquí una selección de los símbolos más corrientes.

Peluca

Collar con extremos en forma de cabezas de halcón.

Escarabajo en una barca sagrada.

Sol

Ureus (cobra real) alada

Uno de los cuatro Hijos de Horus

Nut, diosa del cielo

Columna djed

Anubis, dios del embalsamamiento

Abrazaderas de color rojo

Dios alado con cabeza de carnero

Pájaro sokar

Ojo wedjat u ojo de Horus

Halcón alado, dedicado al dios Horus

Shen, símbolo de eternidad

El buey Apis transportando la momia

No hay nada triste ni deprimente en los ataúdes egipcios, que están pintados con colores vivos y alegres. Esto se debe a que los egipcios confiaban en que la persona muerta iba a un mundo mejor. Artistas habilidosos pintaban en su superficies bellos jeroglíficos e imágenes religiosas. Era corriente representar escenas del Libro de los Muertos (págs. 12-13). Otras escenas muestran al dios sol Ra, con quien se pensaba que la persona muerta se reuniría en el cielo, o al escarabajo divino, símbolo de renacimiento (pág. 44). En muchos ataúdes aparecían pintados también los diversos dioses relacionados con Osiris, especialmente los cuatro Hijos de Horus (pág. 20). Otra figura popular es Nut, diosa del cielo, a la que se ve a menudo en la tapa o en el fondo del ataúd, rodeando con sus alas emplumadas a la momia en señal de protección.

Pasenhor fue uno de los muchos libios que se establecieron en el antiguo Egipto. Este es su ataúd exterior, fabricado con madera muy gruesa hacia el 730 a. de C. Su decoración, llena de color, destaca de forma acusada frente al fondo blanco pintado.

A veces, se colocaban encima de la momia cubiertas de madera. Esta cubierta de una sacerdotisa, del 950-900 a. de C., está tallada en madera y tiene una capa de yeso con relieves y pinturas.

Continúa en la página siguiente

Ataúdes más recientes

En el Último Período de la historia del antiguo Egipto, la fabricación
de ataúdes para momias era un negocio floreciente. Podían adquirirse
ataúdes confeccionados en una variedad de tamaños y estilos. Normalmente
se colocaba un ataúd de cartón dentro de uno o dos ataúdes de madera.
La decoración exterior se volvió cada vez más compleja y en la parte
interior se pintaban grandes dioses y diosas. Se añadían a veces dibujos
y jeroglíficos que mencionaban y ensalzaban al propietario, para darle
a cada ataúd un toque personal.

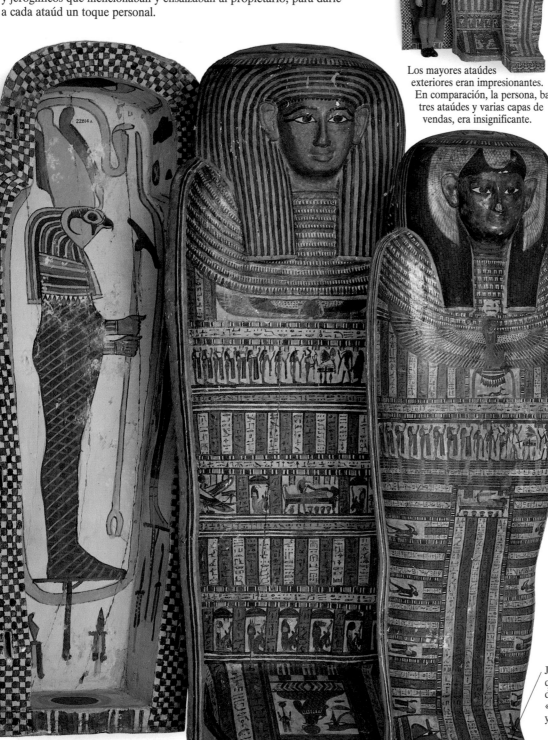

Los mayores ataúdes
exteriores eran impresionantes.
En comparación, la persona, bajo
tres ataúdes y varias capas de
vendas, era insignificante.

La tapa del ataúd exterior de
Nesmin, del 350 a. de C., aprox.,
tiene una enorme cabeza.
Aparece sumida en unos
hombros redondeados y lleva
una gran peluca y un collar.

Momia
con el
pájaro
Ba.

Jeroglífico
que quiere
decir
«toda vida
y poder».

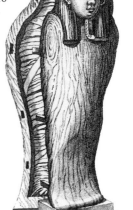

En estos dos ataúdes de madera
fue enterrada una mujer llamada
Seshepenmehit hacia el 650 a. de C.
El fondo del ataúd exterior está decorado
con una figura del dios Ptah-Sokar-Osiris, símbolo del nacimiento,
muerte y vida futura. En las tapas de ambos ataúdes se ven jeroglíficos
y escenas del Libro de los Muertos (págs. 12-13) dispuestos en columnas.

Uno de los dibujos europeos
más antiguos de una momia egipcia
fue este grabado, publicado por un
cónsul francés en Egipto en 1735.
Muestra cómo se fijan la tapa
y la base de un ataúd por medio
de unas clavijas.

Tapa curva

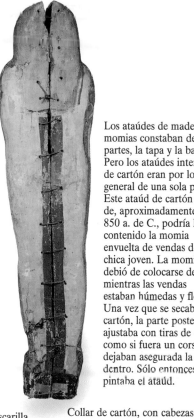

Los ataúdes de madera para momias constaban de dos partes, la tapa y la base. Pero los ataúdes interiores de cartón eran por lo general de una sola pieza. Este ataúd de cartón de, aproximadamente, el 850 a. de C., podría haber contenido la momia envuelta de vendas de una chica joven. La momia debió de colocarse dentro mientras las vendas estaban húmedas y flexibles. Una vez que se secaba el cartón, la parte posterior se ajustaba con tiras de cuero, como si fuera un corsé, que dejaban asegurada la momia dentro. Sólo entonces se pintaba el ataúd.

Pilares en las esquinas

Figuras de Anubis

Funcionarios importantes que no podían costearse un sarcófago tal vez se permitían un ataúd exterior más. El sacerdote Hor (aprox. 680 a. de C.) disponía de dos ataúdes en forma de momia, que descansan dentro de un gran ataúd rectangular. También de madera, este tercer ataúd tenía una tapa curva que se apoyaba en cuatro pilares situados en las esquinas. Cada centímetro de los ataúdes aparece cubierto de dioses, jeroglíficos e invocaciones mágicas.

Mascarilla para el rostro

Collar de cartón, con cabezas de halcón en ambos extremos

Mandil pintado, un objeto para adornar el cuerpo.

Estos rostros fueron tallados en madera y fijados con clavijas en los ataúdes.

Caja para los pies

La época tolemaica comenzó en 305 a. de C., al ser conquistado Egipto por Alejandro Magno (pág. 29). Los ataúdes interiores tolemaicos constaban de cuatro piezas de cartón, la mascarilla para el rostro, el collar, el mandil y la caja para los pies. Se colocaban directamente sobre el sudario y luego se sujetaban con una última capa de vendas.

Pájaro *Ba*

Jeroglífico

Los antiguos egipcios rindieron culto a muchos animales (págs. 44-47). El buey sagrado Apis era el mayor y más importante.

Sólo había un buey Apis en un mismo tiempo. Se mantenía con todo lujo junto al templo, donde le atendían sirvientes y un harén de vacas. Esta pintura realizada sobre un cartón para los pies muestra al buey transportando una momia a su tumba.

Durante la época romana, del 30 a. de C. al 323 d. de C., se pintaban los ataúdes con su propietario llevando su ropa diaria. Esta mujer romana fue enviada al otro mundo con una deslumbrante toga, completada con una complicada peluca y gran cantidad de joyas, que incluyen anillos de oro.

A veces se pintaban sandalias doradas como las de la figura bajo los pies de una momia. Las figuras pintadas bajo las sandalias de la momia son enemigos difuntos, lo que simboliza la victoria de la persona muerta sobre el mal.

Toga de vivos colores, constituida por una larga pieza de tela que envuelve el cuerpo.

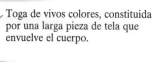

Anillos auténticos colocados en los dedos

En el sarcófago

Un SARCÓFAGO ES UN ATAÚD de piedra. La palabra significa en griego «comedor de carne», porque los griegos creían que un cuerpo depositado dentro acababa siendo disuelto por la piedra. Los sarcófagos eran caros y sólo eran enterrados en ellos los faraones, los nobles o los funcionarios importantes. Eran también increíblemente pesados y tenían que ser colocados en la tumba por una cuadrilla de obreros. Durante el funeral, se trasladaba la momia a la tumba y se cerraba el sarcófago. Los primeros sarcófagos eran cajas lisas rectangulares, pero después eran redondeadas para semejarse a las momias que descansaban en su interior.

Este enorme sarcófago de basalto tiene casi 3 metros de altura y pesa 4,5 toneladas. Perteneció a Wahibra, un inspector de escribanos.

Uno de los sarcófagos reales más hermosos es el de Seti I, gran guerrero y padre de Ramsés el Grande (págs. 36, 50-51). Su tumba, encontrada en 1817, está excavada a gran profundidad en un acantilado situado en el Valle de los Reyes (pág. 10). El sarcófago del faraón estaba situado en la cámara funeraria, a más de 100 metros debajo del suelo. Es de calcita, una piedra semitransparente. La momia de Seti I, encontrada en el escondite real en 1881 (págs. 36-37), estaba extraordinariamente bien conservada.

Este es el ataúd interior de Merymose, virrey de Nubia, 1380 a. de C., aproximadamente. Es uno de los primeros ataúdes de piedra fabricados para una persona importante que no fuera faraón.

Decorado *rishi* en forma de plumas.

Jeroglífico, estuvo incrustado anteriormente de pigmento verde azulado.

Fragmento de la tapa del sarcófago de Seti I, que se rompió cuando lo levantaban.

Alejandro
Magno

El último auténtico faraón egipcio, Nactanebo II, fue enterrado en este enorme sarcófago. Acabó en Alejandría, donde los griegos lo utilizaron como baño público. Antes de que fueran traducidos los jeroglíficos, se creía que había pertenecido a Alejandro Magno. Nunca se ha encontrado el cuerpo de Alejandro, pero antiguos escritos afirman que fue conservado en un sarcófago de vidrio lleno de miel.

Orificios de drenaje añadidos para su uso como bañera

Tutankhamón (págs. 38-39) es el único faraón que aún reposa en su tumba. Su momia ha sido devuelta a su ataúd dorado exterior y depositada en su enorme sarcófago. Este ataúd de piedra estaba alojado originalmente en cuatro santuarios dorados, tan grandes que en ellos cabía un coche. Tras él hay pinturas murales que demuestran ritos funerarios sagrados.

Howard Carter (a la derecha) observa cómo se saca del sarcófago el ataúd exterior de la momia de Tutankhamón.

Los egipcios importantes contrataban plañideras para sus funerales. Estas mujeres lloraban, se lamentaban, agitaban los brazos y lanzaban polvo al aire mientras se trasladaba la momia hasta la tumba y se depositaba en el sarcófago.

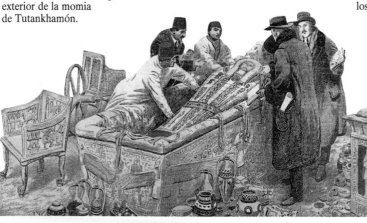

Esta tapa de sarcófago, de granito rojo, cubría la momia de Setau, virrey de Nubia. Fue enterrado en Tebas hacia 1230 a. de C. En sus manos sostiene dos símbolos mágicos, el amuleto de Isis (pág. 21) y la columna djed (págs. 34-35).

Al igual que los ataúdes más antiguos, los sarcófagos más recientes eran considerados como palacios para los muertos. Este sarcófago rectangular, de granito rojo, procede del Imperio Antiguo, aproximadamente del 2500 a. de C. En ambos extremos tiene unas puertas falsas para que el alma de la momia pudiera pasar a través de ellas cuando dejaba y volvía a entrar en el ataúd.

Puerta falsa

Llevarse objetos consigo

ZAPATILLAS, MAQUILLAJE, UNA HOGAZA DE PAN, una
bonita silla, unos pendientes... la momia tenía que estar bien
preparada para disfrutar de la vida en el otro mundo. La mayoría
de los objetos que subsisten del antiguo Egipto se han encontrado
en tumbas, donde fueron enterrados con los muertos. El clima
cálido y seco de Egipto ha conservado perfectamente muchos
objetos. Algunas momias se llevaron consigo a la tumba los útiles
de su negocio o los símbolos de su rango. Junto a Tutankhamón
(págs. 38-39) se encontraron los juguetes de su niñez. Atractivas
mujeres fueron enterradas con sus pelucas, peines, abanicos
y espejos. Los músicos se llevaban consigo sus instrumentos
y a algunas personas se las enterraba con un tablero de juego
para pasar los ratos de ocio en el otro mundo.

Superficie de bronce
corroída; estaba
pulida en sus tiempos
para reflejarse en ella.

Compartimiento para
el futuro.

Tapa
corredera

Tapa
corredera

Espejo con
mango decorado
en forma de papiro.

Caja para
maquillaje en
forma de papiro.

Las sandalias eran un lujo, ya que
la mayoría de los egipcios iban
descalzos. Este par de sandalias
almohadilladas de cuero es inusual.
La mayoría de las sandalias se
confeccionaban con junco
procedente de las orillas
del Nilo.

Cucharilla
para cosmético
en forma de
flor de loto.

Soporte para
la cabeza

Cabezal de
marfil, utilizado
en lugar de
almohada.

Todas las momias querían presentar buen aspecto ante
los dioses. Los antiguos hombres, mujeres y niños egipcios
llevaban maquillaje, especialmente *kohl*, una especie
de pintura de ojos. Además de comunicar buen aspecto,
el *kohl* preservaba al ojo de infecciones. El maquillaje
se guardaba normalmente en recipientes decorados con
flores y capullos de loto. El loto, una especie
de nenúfar, era una planta sagrada.
Los egipcios veían su apertura
y cierre diarios como símbolo
de vida, muerte y renacimiento.

Tallo de loto

En aquel
clima caluroso, los abanicos eran signo
de riqueza y refinamiento. Los faraones
y otros nobles disponían incluso de
sirvientes especiales para abanicarlos.

30

En la tumba se colocaban figuras de sirvientes para atender las necesidades de la momia. Esta joven porta una bandeja de pan fresco. Las paredes de las tumbas se decoraban también con pinturas y esculturas de alimentos, sirvientes y objetos de uso diario. Se creía que volvían a la vida dentro de la tumba cerrada.

Cervecero

Un pan muy basto constituía el alimento básico de los antiguos egipcios. Muchas momias presentan dientes seriamente desgastados de comerlo a diario.

Pintura de ataúd en la que se ve a la persona muerta ofreciendo alimentos a los dioses Ra-Harakhty *(en el centro)* y Hapy *(a la izquierda)*, de 1050 a. de C., aproximadamente.

Jarras de cerveza

Higos depositados en una tumba hace 3.500 años

Los antiguos egipcios eran muy aficionados a la cerveza. Al colocar la figura de un cervecero en sus tumbas confiaban en tener un suministro constante en el otro mundo.

Se empleaban arpas para interpretar himnos a los dioses en el templo.

Pareja de címbalos de bronce.

Cajón para guardar las fichas

Tablero de marfil con 30 casillas

Fichas de cerámica azul

El senet era el juego de tablero más popular en el antiguo Egipto. Los tableros de senet se colocaban en la tumba para simbolizar el enfrentamiento de la persona muerta con el demonio para alcanzar la vida eterna.

Soporte de marfil para las plumas.

Mango de madera

Plumas de avestruz, colocadas de acuerdo con las pinturas de abanicos encontradas en las paredes de las tumbas.

Esta momia pudo haber sido un músico profesional, que se llevó consigo sus queridos címbalos para tocar en el otro mundo.

31

Trabajadores para la vida futura

LOS ANTIGUOS EGIPCIOS constituían un pueblo agrícola y todos los años se les requería para realizar algún trabajo en el campo para el gobierno. Pero los egipcios ricos podían eludir este trabajo, pagando a alguien para que lo realizara por ellos. Cuando la momia llegaba al Valle de las Cañas, como llamaban los egipcios al cielo, debía realizar el mismo trabajo, sembrando y segando para el dios Osiris (págs. 34-35). Por eso, desde épocas remotas, las personas ricas eran enterradas con figuras de trabajadores para que realizaran su trabajo después de la muerte. A principios del Imperio Nuevo (aproximadamente el 1500 a. de C.), un solo trabajador —o shabti— era suficiente para garantizar una cómoda vida futura. Aparecía inscrito en el Capítulo Sexto del Libro de los Muertos, que prometía: «Oh shabti, si el difunto es requerido para realizar allí algún trabajo... tú deberás decir: Aquí estoy, yo lo haré». Hacia el año 1000 a. de C., los egipcios ricos eran enterrados con 401 shabtis, uno por cada día del año y otros 36 como capataces provistos de látigos para evitar que los trabajadores descuidaran su tarea mientras sudaban en los campos celestiales.

Vigilante o capataz shabti, que viste falda y porta un látigo.

A menudo se colocaban figuras shabtis en cajas de madera bellamente pintadas. Esta caja shabti pertenecía a la sacerdotisa Henutmehit, cuyos ataúdes dorados aparecen en la página 22.

Antes de la costumbre de los shabtis, se colocaban en las tumbas sirvientes y trabajadores de madera pintada. Al contrario que los shabtis, este trabajador no tiene forma de momia.

Sacerdotisa difunta ofreciendo alimentos a los dioses.

Collar dorado

Estas figuras shabtis de madera fueron realizadas para mujeres de la XVIII Dinastía, de 1560 a 1320 a. de C., aproximadamente.

Tocado *nemes*

Cartela real

Shabti del faraón Seti I

Cartela, inscripción de forma ovalada con el nombre del rey en jeroglífico.

Shabti del faraón Amenhotep III

Shabti del faraón Amosis

El shabti real más antiguo que se conoce *(arriba)* perteneció a Amosis, un faraón que murió hacia 1546 a. de C. Lleva un tocado de *nemes*, confeccionado con tela plegada sobre el pelo. Otros shabtis reales, como este de Amenhotep III *(a la izquierda)*, llevan la corona en forma de cúpula del Alto Egipto.

De piedra, madera, arcilla, cera, bronce..., los shabtis se hacían con toda clase de materiales. Pero el más corriente era la cerámica, una especie de loza vidriada.

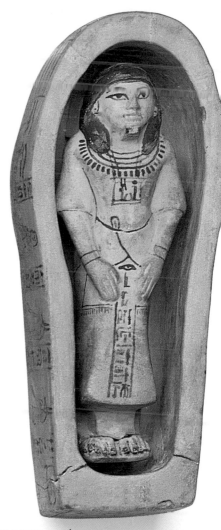

A los shabtis los colocaban a veces en primorosos ataúdes fabricados para que parecieran verdaderos ataúdes de momias. Éste es de cerámica azul.

Muchos shabtis llevaban azadas, picos, cestas de semillas y otros útiles. Estos objetos nos dicen mucho sobre la agricultura en el antiguo Egipto.

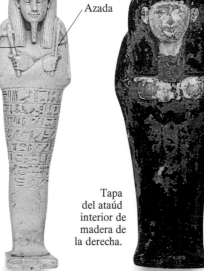

Azada

Pico

Tapa del ataúd interior de madera de la derecha.

Shabti de piedra en un ataúd de madera y un ataúd exterior rectangular

La momia y el dios Osiris

Corona
atef

Cayado

Mayal

SE DECÍA QUE EL DIOS OSIRIS había vencido a la muerte y cualquier egipcio de la Antigüedad deseaba seguir su ejemplo. La leyenda decía que hacía muchísimo tiempo, Osiris había sido un buen faraón que fue asesinado por su perverso hermano Seth. Pero su esposa Isis y su hijo Orus devolvieron a Osiris a la vida. La historia de la milagrosa resurrección del rey muerto infundió a los egipcios esperanzas de una vida eterna. Así pues, para que pudiera renacer, se trataba de identificar lo más posible a la persona muerta con Osiris. Las momias se preparaban exactamente de la misma forma que lo había sido el cuerpo de Osiris mucho tiempo antes. Si todo iba bien, la momia podía «convertirse en un Osiris» y vivir eternamente.

Pintura de colores vivos en un ataúd; aparece Osiris llevando la corona en forma de cobra y protegido por unos halcones.

Corona *atef* confeccionada con dos plumas de avestruz.

Estatua de madera pintada que representa a Orisis con el rostro verde y luciendo la corona *atef*.

Mayal

Estas dos estatuas de Osiris pueden haber sido colocadas en tumbas o templos. Ambas muestran a Orisis llevando un *atef*, una corona alta, de plumas. En sus manos, el faraón muerto lleva un cayado y un mayal. Desde tiempos remotos, los egipcios relacionaban estos útiles agrícolas con el trono y la justicia. Osiris las llevaba consigo cuando se sentaba y juzgaba en el otro mundo las almas de los muertos (pág. 13).

Cayado

Estatua de bronce de Osiris luciendo la corona *atef*.

La columna djed es un amuleto que se colocaba en las envolturas de la momia (págs. 20-21). Se creía que representaba la columna vertebral de Osiris y se pensaba que daba fuerzas a la momia después de la muerte.

La diosa Isis era la esposa de Osiris. En esta estatua lleva a su hijo Horus. Los antiguos egipcios la estimaban como esposa leal y madre amante.

Mayal de madera procedente de una estatua de Orisis. Como los cetros que llevan los reyes y reinas europeos, el mayal era símbolo de poder y autoridad.

Entre otras cosas, el fundamental Osiris era el dios de la vegetación y la resurrección natural. En esta función se le relacionaba con el desbordamiento anual del Nilo, que mantenía verdes y fértiles las tierras de Egipto. Los ataúdes de las momias muestran a veces rostros de color verde para vincularlas con este aspecto de Osiris.

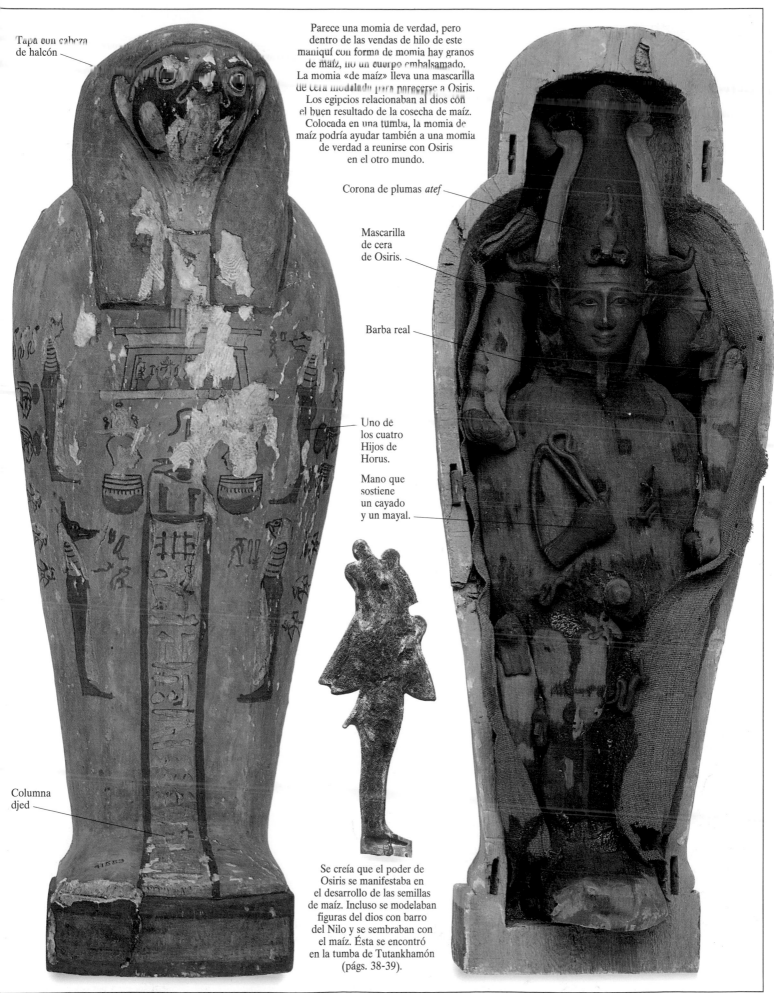

Tapa con cabeza
de halcón

Parece una momia de verdad, pero
dentro de las vendas de hilo de este
maniquí con forma de momia hay granos
de maíz, no un cuerpo embalsamado.
La momia «de maíz» lleva una mascarilla
de cera modelada para parecerse a Osiris.
Los egipcios relacionaban al dios con
el buen resultado de la cosecha de maíz.
Colocada en una tumba, la momia de
maíz podría ayudar también a una momia
de verdad a reunirse con Osiris
en el otro mundo.

Corona de plumas *atef*

Mascarilla
de cera
de Osiris.

Barba real

Uno de
los cuatro
Hijos de
Horus.

Mano que
sostiene
un cayado
y un mayal.

Columna
djed

Se creía que el poder de
Osiris se manifestaba en
el desarrollo de las semillas
de maíz. Incluso se modelaban
figuras del dios con barro
del Nilo y se sembraban con
el maíz. Ésta se encontró
en la tumba de Tutankhamón
(págs. 38-39).

35

Momias reales

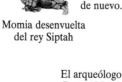

LOS FAMOSOS FARAONES del Imperio Nuevo fueron enterrados en Tebas, en un valle desolado llamado Valle de los Reyes (pág. 10). Las tumbas fueron excavadas en las profundidades de la roca. Pero, a pesar de las precauciones, fueron robadas una y otra vez en épocas antiguas. Cada vez, los sacerdotes tenían que volver a envolver y enterrar de nuevo las momias. Hacia el 1000 a. de C., decidieron agrupar las momias reales y ocultarlas en dos escondites secretos. Los faraones muertos permanecieron ocultos en estos escondites durante 3.000 años aproximadamente. El primer escondite lo descubrieron a principios de la década de los 70 del siglo pasado dos hermanos que vivían en las proximidades. Lo mantuvieron en secreto y comenzaron a vender sus tesoros poco a poco. Pero la pista de las inestimables antigüedades condujo hasta ellos y en 1881 los arqueólogos penetraron en una profunda tumba situada en las cercanías de Deir el-Bahari. Se quedaron asombrados al encontrar 40 momias, entre ellas las de famosos faraones como Seti I y Ramsés II. El segundo escondite, encontrado en 1898, contenía otras 16 momias, diez de ellas reales. Cuando el contenido de este escondite fue transportado a El Cairo, los funcionarios de aduanas de la puerta de la ciudad no tenían la menor idea de cómo clasificarlo. Al final, decidieron gravar a los faraones muertos ¡con la misma tarifa que el pescado seco!

Las momias de los reyes que construyeron las pirámides de Gizéh no han sobrevivido. A pesar de sus entradas ocultas, estas tumbas fueron saqueadas en épocas antiguas. Una vez dentro, los ladrones tenían que encontrar la cámara de enterramiento en la oscuridad, a través de estrechos pasadizos llenos de corredores falsos y de trampas.

Para evitar confusiones, los sacerdotes escribían los nombres de los faraones en el sudario exterior. Esta momia lleva inscrito el nombre de Ramsés III.

El famoso Ramsés II gobernó durante 67 años, desde 1279 a 1212 a. de C. Estaba reputado como un gran guerrero, lo que él parece haber exagerado grandemente. Tuvo con sus numerosas esposas más de 100 hijos y rondaba probablemente los noventa años al morir. Los antiguos egipcios eran de estatura corta, para lo que hoy es normal, alrededor de 1,60 m de media. Pero la momia de Ramsés II, encontrada en el escondite descubierto en 1881, mide 1,83 m de altura.

La momia del rey Siptah, que murió en 1188 a. de C., resultó seriamente dañada por los ladrones de tumbas que buscaban valiosos amuletos entre sus vendas. Los sacerdotes que la trasladaron hacia el año 1000 a. de C. le entablillaron el brazo roto antes de envolverla de nuevo.

Momia desenvuelta del rey Siptah

Momia envuelta del rey Siptah, tal como se encontró en 1881.

El arqueólogo francés Gaston Maspero *(tercero empezando por la derecha)* supervisó la operación de desvelar las momias reales en El Cairo. «Y cuando veo y toco los cuerpos de tantas personas ilustres, nunca supuse que pudieran ser más que hombres para nosotros», escribió más tarde. «Es difícil creer que no estoy soñando.»

Esta momia bien conservada se encontró envuelta en un sudario que llevaba inscrito el nombre de Tuthmosis I. Pero el examen de la momia sugiere que se trata de otra persona. Documentos históricos que se conservan afirman que este faraón vivió hasta los 50 años de edad, aproximadamente, pero la momia pertenece a una persona de salud excelente y mucho más joven. La verdadera identidad de la momia sigue siendo un misterio.

Tocado *nemes*, signo de realeza

Madera recubierta de yeso

Restos fragmentados de pan de oro.

La pintura de un templo de Tebas muestra al verdadero rey Tuthmosis I. Esta fiel reproducción la realizó Howard Carter.

Al depositar la momia en el ataúd, se colocaban guirnaldas de flores alrededor de su cuello. Cuando se levantó la tapa del ataúd de Amenhotep I, un fragante aroma de flores llenó la habitación. Una avispa que había sido atraída por el aroma, quedó atrapada en ataúd todos esos años. Se encontró su cuerpo momificado junto al del rey.

Espiga de trigo encontrada en el ataúd.

Fragmentos de guirnaldas colocadas sobre la momia.

Los egiptólogos aún no conocen con certeza la identidad de esta mujer mayor de pelo maravilloso. Su momia fue encontrada en el segundo escondite real en 1898. Algunos expertos creen que es Hatshepsut, una faraona que aparece a menudo llevando la falsa barba real. Otros creen que es la reina Tiy, una de las esposas de Amenhotep III. Tiy es, probablemente, abuela de Tutankhamón (págs. 38-39).

El ataúd del rey Intef (aprox. 1650 a. de C.) está confeccionado a partir de un tronco de árbol ahuecado, enlucido, recubierto de panes de oro y grabado con un dibujo en forma de pluma *rishi* (pág. 23). Los ladrones quitaban frecuentemente los panes de oro de féretros reales como éste.

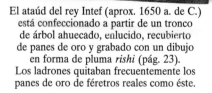

El segundo escondite de momias reales se encontró en la tumba de Amenhotep II en 1898. La mayoría de las momias fueron trasladadas a El Cairo, pero Amenhotep permaneció en el sarcófago donde había sido encontrado. Poco después de que fuera tomada esta foto, una banda de ladrones redujo a los guardias armados y desgarraron las vendas de la momia en busca de amuletos valiosos.

El cuerpo más extraño encontrado entre las momias fue este hombre desconocido. Su rostro aparece retorcido por la agonía y tiene la boca abierta como si estuviera gritando. Debió morir de forma horrible, quizás envenenado, asfixiado o, incluso, enterrado vivo. Su cuerpo estaba envuelto en una piel de oveja, un material que los egipcios consideraban impuro. Nadie sabe qué horrible crimen pudo haber cometido para merecer una muerte tan cruel.

Los tesoros de Tutankhamón

EL 26 DE NOVIEMBRE DE 1922, Howard Carter contempló, a través de un pequeño agujero, una oscura tumba en el Valle de los Reyes (págs. 10, 36-37). «A medida que mis ojos se iban acostumbrando a la luz», escribió más tarde, «...me quedé mudo de asombro». El arqueólogo inglés y su rico patrocinador lord Carnarvon acababan de descubrir la tumba del faraón Tutankhamón, cerrada hacía más de 3.000 años. Cinco años de exploración metódica les habían conducido a la única tumba real totalmente intacta jamás encontrada y, probablemente, al más extraordinario descubrimiento arqueológico jamás realizado. En su interior estaba la momia del rey, que llevaba una mascarilla, exquisitamente trabajada, de oro macizo. El cuerpo reposaba en un conjunto de tres ataúdes de oro que encajaban uno dentro de otro. Los ataúdes, a su vez, descansaban en un sarcófago rodeado de cuatro santuarios de madera dorada y una asombrosa colección de estatuas, muebles y joyas. Como puntualizó Carter, era una habitación llena de «oro... por todas partes relucía el oro».

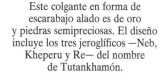

Howard Carter *(en el centro)* y su equipo contemplan maravillados el sarcófago a través de una puerta del cuarto santuario.

Las figuras talladas en esta caja de ébano y marfil muestran a Tutankhamón en un jardín, recibiendo unas flores de su reina. Al morir su padre, el poderoso Akhenatón, Tutankhamón no tenía más que nueve años. Probablemente nunca disfrutó mucho de su poder y apenas sería recordado si su tumba no hubiera sobrevivido en tan perfectas condiciones.

Este colgante en forma de escarabajo alado es de oro y piedras semipreciosas. El diseño incluye los tres jeroglíficos —Neb, Kheperu y Re— del nombre de Tutankhamón.

Láminas de oro que cubren el marco de madera.

Pequeño santuario destinado a contener una estatua sagrada

Paneles decorados

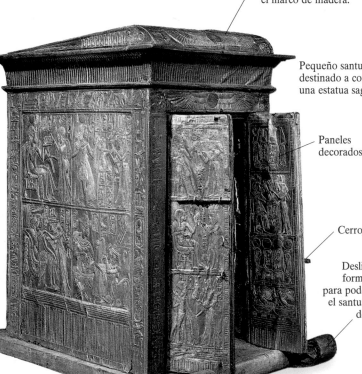

Cerrojos de plata

Deslizadores en forma de trineo para poder arrastrar el santuario dentro de la tumba.

Este «maniquí» de madera pintada muestra al rey como debía parecer cuando murió, hacia 1324 a. de C. Probablemente llevaba sus ropas y joyas.

Cabeza rapada

Camisa interior de cuentas

La momia del rey estaba mal conservada, debido a reacciones químicas con las resinas empleadas en el embalsamamiento. Era de complexión pequeña y media, aproximadamente, 1,65 m de altura. El estudio de sus dientes fija su edad en 16 ó 17 años, aunque podía tener hasta 22. Los rayos X descubrieron daños en el cráneo, pero la causa real de su muerte se desconoce. La agitada situación política que se vivía durante su reinado sugiere que puede haber sido asesinado.

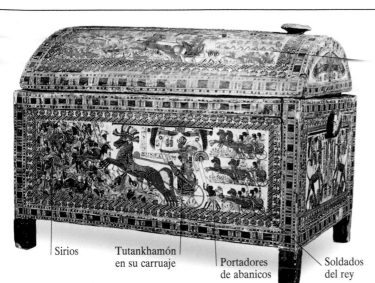

Escena de caza

Tocado *nemes*, símbolo de realeza.

Sirios   Tutankhamón en su carruaje   Portadores de abanicos   Soldados del rey

Este cofre de madera estaba lleno de ropa, incluyendo las sandalias del faraón. Está pintado con escenas de la vida de Tutankhamón. En este lado puede vérsele conduciendo a su ejército a la victoria sobre los sirios. Pero es poco probable que el rey fuera alguna vez a la guerra y se cree que la pintura es una representación del poder supremo del faraón. En dos escenas similares que hay en la tapa, se ve al joven rey cazando leones, avestruces y antílopes en el desierto.

Collar de cabezas de halcón.

Un periódico italiano de 1924 cuenta la historia del asombroso descubrimiento. Carter fue tan cuidadoso y esmerado en su trabajo que, aunque él y Carnavon descubrieron la tumba en noviembre de 1922, no comenzó a abrir los ataúdes hasta octubre de 1925. Le llevó casi una década examinar todo el contenido de la tumba.

Incrustaciones de lapislázuli

La mascarilla de la momia del rey era de oro macizo incrustado de cuentas y piedras de colores, incluyendo lapislázuli azul oscuro. Pesaba más de 10,2 kg. El faraón lleva un tocado *nemes* (pág. 33) y sobre su frente aparecen un buitre y una cobra.

Este es el féretro intermedio de Tutankhamón. Como el exterior, es de madera recubierta de oro y piedras de colores. Se ajustaba tan perfectamente en el féretro exterior que Carter tuvo muchas dificultades para sacarlo. Dentro había un tercer féretro. Este era de oro macizo y tenía el increíble peso de 110,4 kg.

Piezas incrustadas de vidrio de colores rojo, azul y turquesa.

Diseño *rishi* en forma de plumas

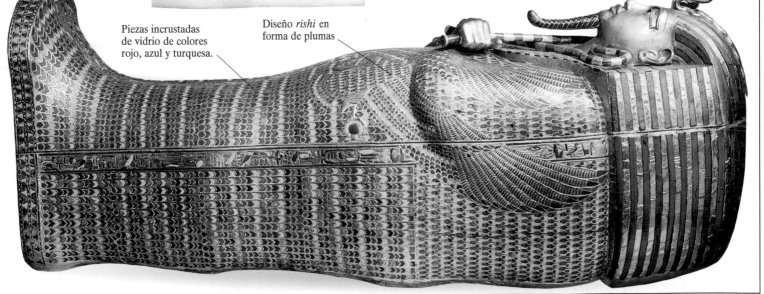

La maldición de la momia

«LA MUERTE SE ABATIRÁ CON ALAS VELOCES sobre el que toque la tumba del faraón.» En la primavera de 1923, los periódicos de todo el mundo afirmaron que esta dramática inscripción se había encontrado en el interior de la tumba de Tutankhamón (págs. 38-39). La agitación se debía a la súbita muerte de lord Carnarvon, una de las primeras personas en entrar en la tumba. Mucha gente afirmaba que el faraón muerto estaba enfadado y que había «maldecido» a todos los que habían perturbado su descanso. Desde entonces se ha culpado a la maldición de la muerte de muchas personas relacionadas con el descubrimiento. Algunos creen ahora que las muertes pueden deberse a bacterias o, incluso, a radiación atómica encerrada herméticamente en el interior de la tumba. Pero las muertes pueden ser explicadas todas ellas y la famosa inscripción no existió nunca. Howard Carter y la mayoría de las otras personas que penetraron en la tumba vivieron durante muchos años. El deseo más importante de un faraón era que su nombre permaneciera vivo eternamente. Teniendo en cuenta lo famoso que se ha vuelto Tutankhamón desde que se encontró su tumba, debería estar encantado, no enfadado.

Se creía que la momia pulverizada tenía poderes mágicos. Se utilizó como poción misteriosa y fue una medicina popular durante los siglos XVI y XVII. El polvo de momia se empleó también para preparar pigmentos de color pardo para pintores. La pintura recibía el nombre de *Caput mortum*, expresión latina que significa «cabeza de muerto».

Lord Carnarvon, patrocinador de Howard Carter, había ido a Egipto a causa de su mala salud. A principios de 1923 le picó un mosquito y la picadura se le infectó al producirse un corte mientras se afeitaba. Apareció la fiebre y murió el 5 de abril de 1923, poco más de cuatro meses después de que él y Carter hubieran entrado en la tumba de Tutankhamón. Más tarde se dijo que las luces de El Cairo se apagaron en el momento de su muerte. Otra historia relacionada con la maldición era que una cobra se había engullido el canario de Carter el día que se abrió la tumba. La famosa mascarilla de la momia de Tutankhamón tenía una cobra en la frente.

Navaja barbera de lord Carnarvon

Certificado de defunción de lord Carnarvon.

Momia de Ramsés II

Boris Karloff en *La momia*

La momia enojada por ser molestada de su sueño de siglos resultó ser un tema excelente para películas de terror. La primera fue *La momia*, de 1932, que protagonizó Boris Karloff en el papel del sacerdote momificado Imhotep *(arriba)*. Su aspecto se basaba en la momia del faraón Ramsés *(a la izquierda)*, encontrada en el escondite real en 1881 (págs. 36-37). En la película, Imhotep es devuelto a la vida por una invocación mágica leída en voz alta por un arqueólogo.

Este es uno de los cuatro «ladrillos mágicos» encontrados en la tumba de la sacerdotisa Henutmehit (págs. 22, 32). Los ladrillos estaban situados en las cuatro esquinas de la tumba y se creía que tenían poderes sobrenaturales. En la superficie de cada ladrillo aparecía inscrita una invocación del Libro de los Muertos. Uno de ellos dice: «Tú que vienes a robar, yo no lo permitiré... Yo soy la protección de la Osiris Henutmehit». Esto tenía por objeto alejar a los intrusos que pudieran molestar a la momia de la sacerdotisa en su tumba.

Figura de madera pegada al ladrillo mágico.

Inscripción en hierático, escritura desarrollada a partir de los jeroglíficos.

Ladrillo de arcilla

Junto con *Drácula* y *Frankenstein*, la momia decidida a vengarse se convirtió en uno de los monstruos más populares de las películas de terror de Hollywood. Este es el cartel de una nueva versión de *La momia*, realizada en 1959 en color y protagonizada por Christopher Lee. Entre las otras numerosas películas se encuentran *La mano de la momia*, *El sudario de la momia*, *La maldición de la momia*, *Sangre en la tumba de la momia*... incluso *Abbot y Costello* se enfrentan a la momia.

La ayudante de arqueólogo de *En busca del arca perdida* se encuentra cara a cara con una tumba llena de momias.

Un periódico de 1934 relata la historia de una turista húngara que se perdió en la tumba de Ramsés II durante una visita al Valle de los Reyes. Al día siguiente fue encontrada sin habla a los pies de una estatua del faraón. Pasar una noche en la tumba fría y negra como el carbón la había aterrorizado por completo.

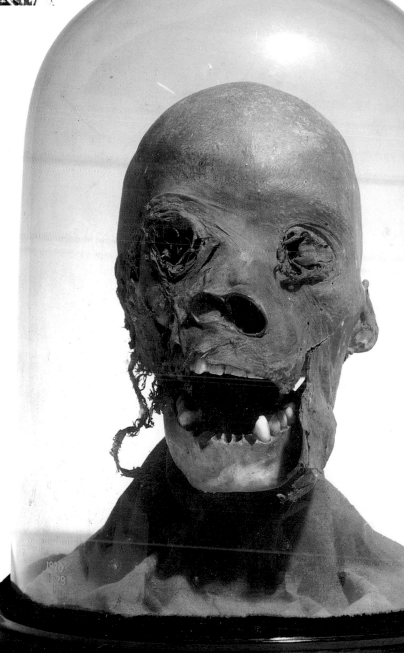

En el siglo XIX se coleccionaron muchas cabezas de momias y se exhibieron como curiosidades en los hogares europeos. Las personas que viajaron a Egipto podían comprárselas a comerciantes como recuerdo. Esta espantosa cabeza fue montada bajo una campana de cristal. Nadie sabe de dónde proviene, a quién perteneció ni su antigüedad. Sus facciones de color parduzco inspiraron algunas momias utilizadas en la decoración de la popular película de 1981 *En busca del arca perdida* que eran de caucho de silicona.

Momias griegas y romanas

MUCHOS GRIEGOS SE HABÍAN ESTABLECIDO EN EGIPTO mucho antes de que fuera invadido por Alejandro Magno (pág. 29) en 332 a. de C. Como los romanos, que llegaron el año 30 a. de C., los griegos adoptaron la costumbre egipcia de la momificación. Pusieron gran esmero en envolver a sus muertos en complicados dibujos geométricos. Pero, bajo las vendas, las momias griegas y romanas están, por lo general, mal embalsamadas. Las momias se enterraban en terrenos abiertos, no en tumbas, y varias generaciones eran enterradas a menudo juntas en panteones familiares. Algunas de las momias más interesantes del período romano fueron descubiertas en un cementerio de la región de Faiyum, en Egipto. En lugar de tener rostros idealizados, como los de las mascarillas egipcias, mostraban una pintura realista de la persona muerta que, a veces, adoptaba la forma de una mascarilla de yeso. Pero, con más frecuencia, se pintaban los retratos en una plancha de madera o directamente en el sudario.

Los antiguos griegos y romanos momificaban toda clase de animales (págs. 44-47). Este gato conservado lleva una mascarilla de yeso pintado. Está envuelto en vendas de dos colores que forman un complicado dibujo en forma de «ventana».

Estos retratos de momias están pintados en planchas de madera con ceras de colores. Pueden haber sido realizados mientras la persona estaba aún viva y haber estado colgados en la casa hasta la muerte de la persona. Los peinados, las joyas y las ropas nos proporcionan mucha información sobre la vida cotidiana en el Egipto ocupado por los romanos, aproximadamente en la época de Cristo.

El examen con rayos X de esta momia de un niño romano ha demostrado que tenía unos diez años cuando murió. Los complicados vendajes que la cubren están adornados con tachones dorados.

Tachones dorados

Funda para los pies pintada.

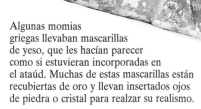

Algunas momias griegas llevaban mascarillas de yeso, que les hacían parecer como si estuvieran incorporadas en el ataúd. Muchas de estas mascarillas están recubiertas de oro y llevan insertados ojos de piedra o cristal para realzar su realismo.

Inscripción
en griego

Dibujo
de Osiris

Esta niña romana murió en Egipto
a la edad de ocho o nueve años. No fue
exactamente embalsamada, sino que su piel
fue impregnada con una resina líquida
y oscura para endurecerla y hacerla
impermeable. Su cuerpo fue cubierto
a continuación con finas planas de oro batido.
Esto tenía por objeto relacionarla con el dios
sol, que se creía que tenía carne de oro.

Cubreojos de oro

Protector
de oro para
la lengua.

Protectores
de oro
para los
pezones.

Los romanos colocaban piezas de oro
en las partes sensibles de la momia.
La placa de la lengua tenía por
objeto, probablemente, permitir
que la momia hablara.

Confundir los cuerpos en la cámara
de embalsamamiento hubiera resultado
desastroso. Para evitar las equivocaciones,
los embalsamadores romanos ataban una
etiqueta de madera al cuello de cada
momia. Además del nombre de la persona
muerta, las etiquetas llevan inscritos,
a menudo, su edad, profesión, nombres de
los padres, incluso la fecha de su muerte
o dónde iba a ser enterrada la momia.
Algunas etiquetas incluyen también una
oración por el alma de la persona muerta,
que compraban los parientes
en lugar de lápida.

Vista de perfil de
la cabeza de una joven
romana en la que se ven las
pestañas y panes de oro en el rostro.

Panes de oro

El halcón remontaba el vuelo
a grandes alturas en los cielos
del antiguo Egipto. Por ello, no es
extraño que se le relacionara con
el dios del cielo, Horus, que volvió
a la vida como faraón. En las
épocas griega y romana se
momificaban los halcones por
miles y se enterraban en
cementerios especiales, junto
a otros animales sagrados
(págs. 44-47).

Cleopatra, última gobernante griega
de Egipto, murió el año 30 a. de C.
Los historiadores romanos dicen que
se suicidó acercándose al pecho una
serpiente venenosa. Aunque no hay
evidencia alguna que confirme la
historia, ha sido pintada y contada
muchas veces. El cuerpo de Cleopatra
fue probablemente momificado
y enterrado con el ceremonial propio
de una reina egipcia. Cabe suponer
que fuera enterrada junto a su amante,
Marco Antonio, pero nunca se ha
encontrado su tumba.

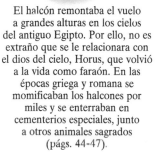

Momias de animales

Los ANTIGUOS EGIPCIOS MOMIFICABAN muchos animales con el mismo cuidado con el que momificaban personas. De vez en cuando se momificaban los animales favoritos y los colocaban en la tumba con sus propietarios para que les hicieran compañía en la otra vida. Pero la mayoría de los animales eran embalsamados por motivos religiosos. Se creía que los animales eran representantes o mensajeros espirituales de los dioses. A muchos dioses se les asociaba de forma natural con uno o más animales que compartían las mismas cualidades. A la vaca, por ejemplo, que se preocupaba tan delicadamente de sus crías, se la asociaba con Hathor, diosa del amor y la maternidad. Lugares especiales se convirtieron en centros de veneración de los principales dioses y diosas. Allí se momificaban los animales sagrados para estos dioses y se enterraban en enormes cementerios. En la última época de la historia del antiguo Egipto floreció una enorme industria religiosa y se criaban millones de animales sólo para ser momificados.

Cuando moría, el buy sagrado Apis (pág. 27) era embalsamado con el mismo cuidado y ceremonial debido a un faraón.

Momia de un perro sagrado o chacal, dedicado a Anubis, dios del embalsamamiento (págs. 10, 13-15).

Caja de bronce para la momia de una musaraña, animal sagrado del dios Horus (pág. 20).

Recipiente de bronce para la momia de una anguila o cobra. La barba de la serpiente y la corona indican su relación con la realeza.

Estos dos halcones fueron embalsamados y momificados juntos, para fortalecer su relación mágica con el dios Horus (pág. 20).

Caja de caliza para un escarabajo momificado, el más pequeño de los animales que se embalsamaban.

El escarabajo hace bolas de estiércol y las traslada rodando. Los egipcios creían que el escarabajo-dios Khepri hacía rodar el sol por el cielo de la misma forma.

Momia de cocodrilo desenvuelta

Juncos empleados para adaptarse a la forma del cocodrilo.

Vendas de lino

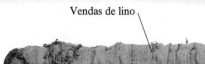

Momia desenvuelta de un pez. En algunas partes de Egipto se consideraba a los peces como animales sagrados y no se pescaban ni se comían. En otras partes formaban parte de la dieta cotidiana. Esto originaba a menudo conflictos entre ciudades vecinas.

En la Antigüedad, el río Nilo estaba infestado de cocodrilos, que eran temidos por su ferocidad. Estaban consagrados a Sobek, un dios del agua. A los cocodrilos domesticados se les trataba con todo lujo, se les alimentaba con comidas delicadas y vino y se les cubría de joyas de oro. El cocodrilo momificado más grande jamás encontrado medía más de 4,6 m.

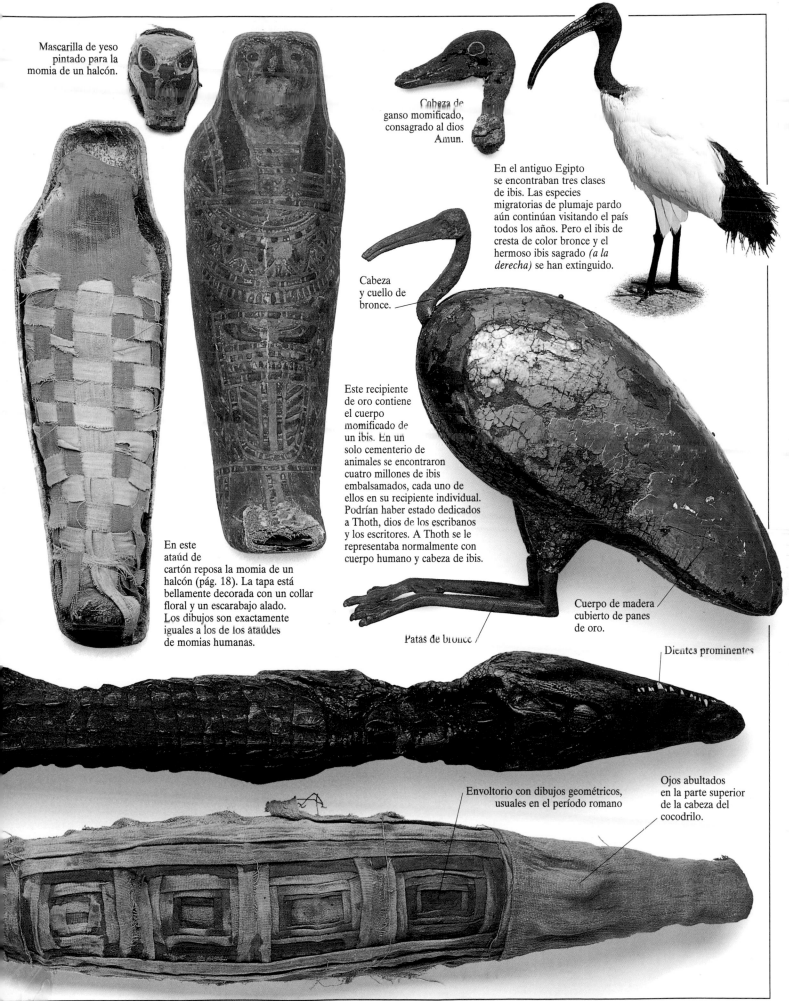

Mascarilla de yeso pintado para la momia de un halcón.

Cabeza de ganso momificado, consagrado al dios Amun.

En el antiguo Egipto se encontraban tres clases de ibis. Las especies migratorias de plumaje pardo aún continúan visitando el país todos los años. Pero el ibis de cresta de color bronce y el hermoso ibis sagrado *(a la derecha)* se han extinguido.

Cabeza y cuello de bronce.

Este recipiente de oro contiene el cuerpo momificado de un ibis. En un solo cementerio de animales se encontraron cuatro millones de ibis embalsamados, cada uno de ellos en su recipiente individual. Podrían haber estado dedicados a Thoth, dios de los escribanos y los escritores. A Thoth se le representaba normalmente con cuerpo humano y cabeza de ibis.

En este ataúd de cartón reposa la momia de un halcón (pág. 18). La tapa está bellamente decorada con un collar floral y un escarabajo alado. Los dibujos son exactamente iguales a los de los ataúdes de momias humanas.

Cuerpo de madera cubierto de panes de oro.

Patas de bronce

Dientes prominentes

Envoltorio con dibujos geométricos, usuales en el período romano

Ojos abultados en la parte superior de la cabeza del cocodrilo.

Continúa en la página siguiente

El gato sagrado

Los elegantes gatos de ojos verdes que brincaban
y ronroneaban en los antiguos hogares egipcios eran muy
parecidos a los de hoy. Antiguas inscripciones egipcias
muestran que los gatos ya eran animales domésticos en épocas tan
antiguas como el 2100 a. de C. Durante el último período de la
antigua historia egipcia, el gato era un animal sagrado. El historiador
griego Herodoto (pág. 14) describía hacia el año 450 a. de C.
el cuidado con que se protegía a los gatos. Cualquiera que matase
un gato podía ser condenado a muerte. Cuando moría un gato,
algunas familias incluso llevaban el cuerpo de su querido animal
a la ciudad de Bubastis, centro de veneración de la diosa gata
Bastet. Allí, el animal era embalsamado, envuelto en vendas
y colocado en un ataúd especial en forma de gato, antes de ser
enterrado en un cementerio para gatos.

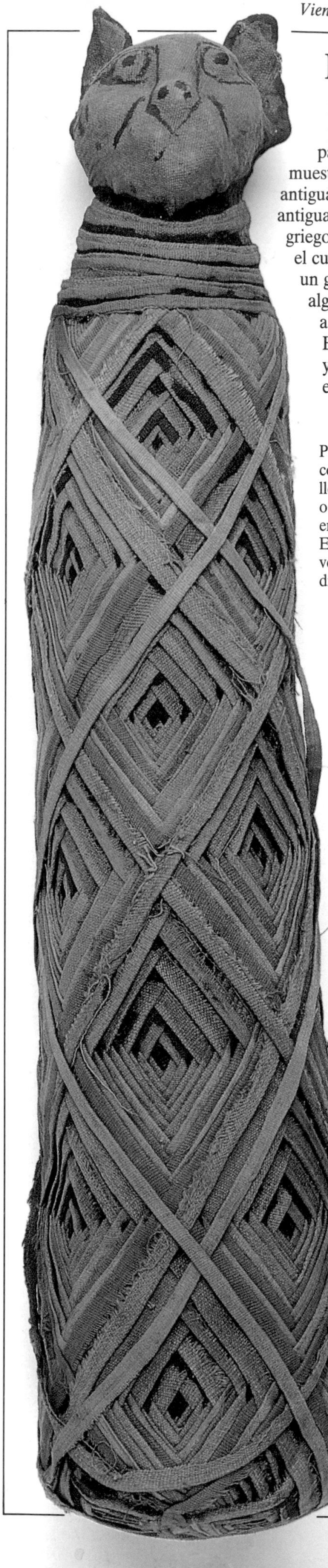

Para momificar un gato, los embalsamadores
comenzaban extrayendo sus tripas. Luego
llenaban el cuerpo del animal con tierra
o arena y lo envolvían con vendas empapadas
en natrón (págs. 14-15) o tratadas con resina.
Esta bien conservada momia está envuelta con
vendas que forman un complicado
dibujo en forma de diamante.

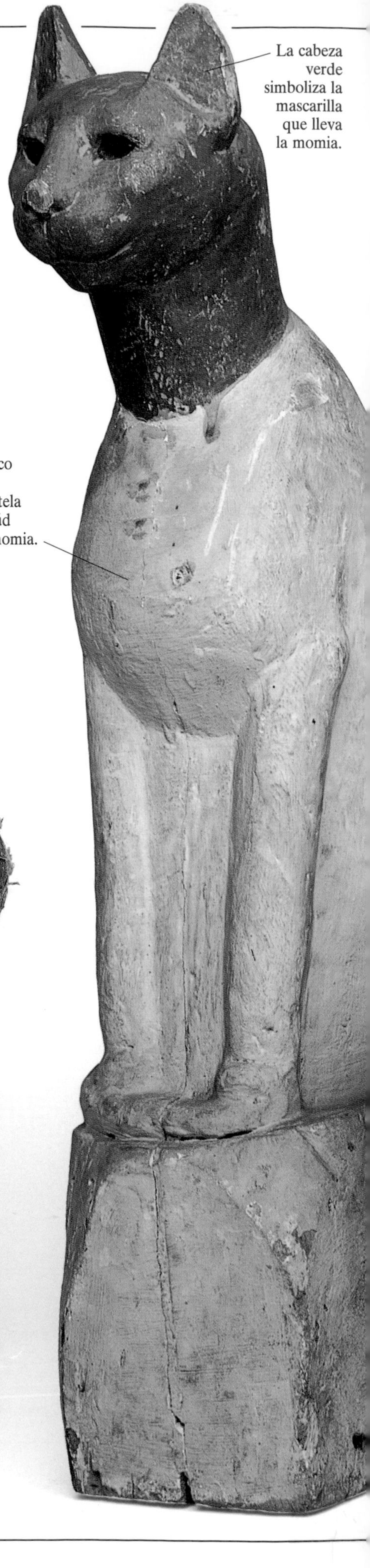

La cabeza verde simboliza la mascarilla que lleva la momia.

El cuerpo blanco representa los envoltorios de tela de lino del ataúd interior de la momia.

Gato momificado

Momia de gato con gesto cómico

Para que resultara
una momia compacta, los
embalsamadores colocaban
las patas delanteras del gato
a los costados y las traseras
las situaban pegadas al vientre.
A continuación, enrollaban la
cola del animal entre las patas.

Oreja perforada, que probablemente tuvo alguna vez un pendiente de oro.

El festival anual que se celebraba en honor de la diosa gata Bastet era uno de los acontecimientos más importantes del calendario del antiguo Egipto. Esta estatua de bronce de Bastet tiene incrustados unos ojos de vidrio coloreado. Muchas de estas elegantes figuras llevaban anillos de oro en la oreja y en la nariz. Los sacerdotes colocaban miles de imágenes de Bastet en los templos, para que los fieles pudieran hacer ofrendas de alimentos y leche. Los sacerdotes cuidaban también de muchos gatos, especialmente para ser momificados.

Recipiente de bronce destinado a contener la pata momificada de un gato

Ataúd de madera con ventanilla en la parte posterior.

El afeitado era considerado una forma de purificar el alma y los sacerdotes y sacerdotisas del antiguo Egipto llevaban la cabeza afeitada. Cuando moría un gato, toda la familia se ponía de luto y se afeitaba las cejas en señal de duelo.

El afeitado era considerado una forma de purificar el alma y los sacerdotes y sacerdotisas del antiguo Egipto llevaban la cabeza afeitada. Cuando moría un gato, toda la familia se ponía de luto y se afeitaba las cejas en señal de duelo. Estos ataúdes de madera fueron encontrados en Bubastis, el mayor centro de veneración del gato. Cada uno de ellos contenía la momia bien envuelta de un gato. El mayor de ellos muestra un gato idealizado y elegante, mientras que los otros dos son más naturales y graciosos. En el siglo XIX se enviaron a Liverpool, Inglaterra, unas 300.000 momias de gatos, que fueron convertidas en fertilizantes y vendidas por toneladas.

Desvelando los secretos de la momia

EL ESTUDIO CIENTÍFICO DE LAS MOMIAS no sólo revela cómo embalsamaban los antiguos egipcios sus muertos. Las autopsias de esos cuerpos pueden indicarnos también cómo vivía aquella gente, qué comían y qué enfermedades padecían. En el siglo XIX, los cirujanos desenvolvieron muchas momias. Pero sus descubrimientos fueron muy limitados, a causa de la pobre tecnología de la época. Hoy día, estropear los cuidadosos vendajes y disecar el cuerpo se considera destructivo e irrespetuoso. La invención del análisis por rayos X en 1895 significó que las momias podían ser «desenvueltas» electrónicamente sin sufrir daño alguno. Los primitivos equipos eran pesados y difíciles de manejar. Pero, a partir de 1960, se han desarrollado unidades potentes y móviles de rayos X que podían desplazarse a los museos. Los más recientes equipos de exploración pueden «ver» a través de las vendas y formar complicadas imágenes tridimensionales del cuerpo que hay dentro. Una pequeña muestra de tejido de la momia puede rehidratarse y estudiar su estructura celular. Incluso puede identificarse su ADN (ácido desoxirribonucleico), la estructura genética básica de una persona. Algunos científicos creen que el análisis genético podrá servir algún día para encontrar remedio contra los virus modernos.

Daniel Fouquet, un médico francés, desenvuelve la momia de Tawedjatra, una sacerdotisa que murió hacia el año 1000 a. de C. Esta histórica autopsia se realizó en el Museo de El Cairo en 1891. Asistieron a ella los más famosos egiptólogos franceses de la época junto con algunas mujeres de la sociedad.

Esta momia de un hombre yace en un ataúd fabricado hacia el 1000 a. de C. para una cantante llamada Tawuhenut. Los estudios realizados de sus dientes y huesos sitúan su edad entre los 20 y 35 años. Estimaciones más exactas pueden realizarse en momias que murieron antes de los 25 años, en que sus dientes y huesos estaban aún en desarrollo.

En 1908, la doctora Margaret Murray *(segunda por la derecha)* y sus colegas desenvolvieron y practicaron la disección de una momia en la Universidad de Manchester, en Inglaterra. Guardaron algunas muestras de tejido. Estas muestras fueron examinadas en la década de los 70, como parte de un importante estudio de la momia, dirigido por la doctora Rosalie David. Una vez rehidratados y examinados al microscopio, los tejidos revelaron la evidencia de una enfermedad de pulmón llamada silicosis. Las tormentas de arena del desierto y el clima polvoriento pueden haber originado problemas de respiración, como la silicosis, a muchos egipcios de la Antigüedad.

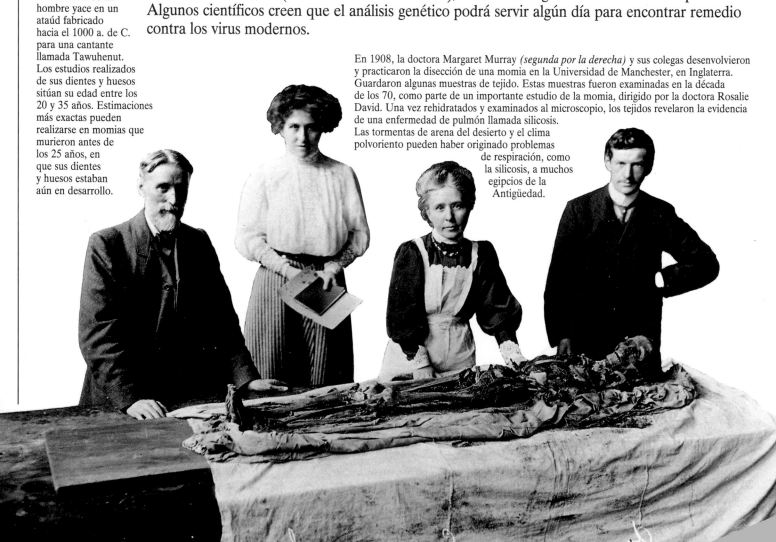

Ojos artificiales

Rasgos faciales
pintados en la envoltura

Amuleto en forma de escarabajo
con alas que rodean el cuello

Oreja vendada
separadamente

Mancha densa que
puede ser un frasco

Esto es una xerorradiografía
de una momia envuelta hacia
el 1000 a. de C. Al contrario
que las imágenes de rayos X
normales, las xerorradiografías
destacan los contornos, por
lo que es más fácil distinguir
las formas. Resultan útiles
para identificar amuletos
(págs. 20-21) y órganos
envueltos, así como huesos
y otros tejidos del cuerpo.
Esta imagen reveló mucho
sobre el material de relleno
que se colocaba bajo la piel
para que el cuerpo encogido
pareciera más natural.

Esta inusual momia del período romano de Egipto
(págs. 42-43) se encontró dentro del ataúd de una mujer
de fecha muy anterior. De la envoltura, que destaca
las formas del pecho y los muslos, se dedujo que la
momia era de una mujer. Pero el estudio de rayos X
realizado a partir de 1960 reveló un cuerpo de hombre
bajo la envoltura. Los dibujos que aparecen en la tela
representan tatuajes del cuerpo. Puede haber sido
un bailarín que actuaba en ceremonias religiosas
y banquetes, porque se sabe que dichos bailarines
llevaban tatuajes similares. Los embalsamadores
envolvieron la momia con gran cuidado, dándole
la forma de un cuerpo vivo. Pintaron los rasgos
faciales al estilo de las momias del Imperio
Antiguo. Los dedos de las manos y los pies
están vendados separadamente, incluso
en las capas exteriores. Esto es muy raro.

Complicadas formas geométricas en los
antebrazos, típicas del período romano

Brazos a los lados (no
cruzados sobre el pecho),
cubriéndose los genitales
con las manos.

Contorno de las
vendas de hilo

Corona *atef*
con dos plumas,
símbolo del
dios Osiris.

Orificios
en el cráneo

Vista de perfil de la momia romana,
en la que se observa el cuidadoso
vendaje individual de los dedos.

Huesos
gravemente
encorvados.

Tatuaje
pintado en
el vendaje.

Este ataúd de cartón
de la XXII Dinastía
(945-715 a. de C.) contuvo
una vez la momia de un niño. Todo lo que queda
del cuerpo es el esqueleto. Expertos médicos
encontraron que las extrañas deformidades observadas
en el cráneo y otros huesos fueron originadas por una
rara enfermedad ósea llamada osteogenesis imperfecta.
Esta enfermedad podría haber atacado al niño
o la niña en el vientre de la madre. Nacería con
huesos frágiles y probablemente moriría pronto.

Pieza de joyería
insertada en la
sandalia.

Sandalias
de lino

Aun después de 3.000 años es posible tomar
las huellas dactilares de una momia. Los forenses
policiales de Scotland Yard de Londres, Inglaterra,
tienen en sus archivos criminales las huellas
dactilares de una momia egipcia que les prestó
el Museo Británico.

49

Continúa en la página siguiente

Expertos egipcios descubrieron en 1974 que la piel de Ramsés II estaba siendo destruida por una misteriosa infección. La momia real fue trasladada por vía aérea tres años después a París para ser sometida a tratamiento médico. Las normas internacionales exigían que dispusiera de pasaporte, en el que constaba su profesión de «Rey (difunto)». Cuando llegó a París, un equipo de conservadores curó con éxito su infección, que resultó ser un hongo. Un total de 102 especialistas, entre ellos radiólogos, científicos forenses policiales, botánicos y expertos textiles, examinaron el cuerpo del antiguo faraón.

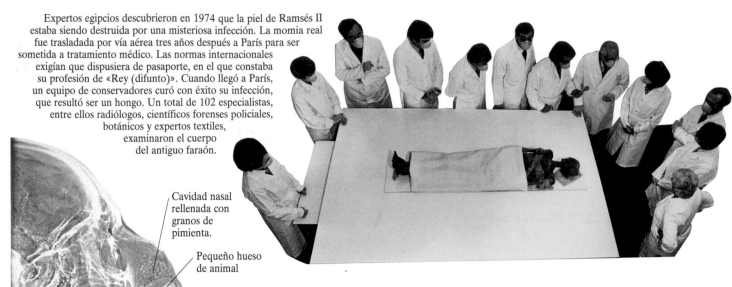

Cavidad nasal rellenada con granos de pimienta.

Pequeño hueso de animal

Faltan dientes

Esta xerorradiografía (rayos X de alta definición) reveló el secreto del digno perfil de la momia. Los embalsamadores habían mantenido erguida la nariz del rey, rellenándola con granos de mostaza y apuntalándola con un pequeño hueso de animal.

Ramsés el Grande al descubierto

La momia de Ramsés II fue descubierta en 1881 (pág. 36) y, desde entonces, descansa en el Museo de El Cairo. Un viaje especial a París, en 1977, proporcionó a expertos médicos de todo el mundo la oportunidad única de examinar el cuerpo del difunto faraón. Resulta interesante comprarar sus descubrimientos con los documentos históricos de sus 67 años de reinado. Los rayos X pusieron al descubierto una herida de guerra en un hombro y signos de una fractura curada en un dedo de un pie. El rey pudo haber sufrido esas heridas en un accidente ocurrido en el desierto, suceso descrito en antiguos documentos. Un examen minucioso reveló un trozo diminuto de tela de color azul y oro pegado a la piel de la momia. Probablemente era parte de las vestiduras del rey. Trazas de arena poco corriente sugieren que pudo haber sido embalsamado cerca de Per-Ramse, la capital norteña del rey. Análisis efectuados sobre las resinas permitieron identificar las hierbas y flores utilizadas para embalsamarle. El cuerpo de Ramsés era especialmente rico en aceite de camomila (manzanilla). Estaba también recubierto con un extracto de una planta de tabaco salvaje, añadido probablemente para mantener alejados del cuerpo los insectos.

Este es Ramsés II tal como debió parecer en vida. Pintado por Winifred Brunton en 1920, se basó en una comparación de su momia y antiguas esculturas suyas. Hay un notable parecido físico entre Ramsés II, su padre, Seti I (pág. 28), y su hijo, Merenptah. Las momias de los tres reyes tienen narices grandes y ganchudas.

Teniendo en cuenta que tiene más de 3.260 años, Ramsés II posee muy buena salud. Su pelo estaba probablemente teñido con alheña, pero parece haber sido de color rojizo natural. Su boca ligeramente abierta revela una buena dentadura. Unos abscesos en la mandíbula debieron causarle grandes molestias. El rey sufría también problemas de circulación sanguínea y seria artritis en las caderas. Puede que le resultara difícil caminar sus últimos años. Probablemente rondaba los noventa al morir y tenía la espalda curvada. Los embalsamadores tuvieron que romperle la columna vertebral para mantener erguida su cabeza.

Examen por barrido TAC

Desde 1977, los médicos han examinado momias con la ayuda de un proceso avanzado de rayos X denominado «examen por barrido TAC». TAC significa Tomografía Axial Computadorizada (el término tomografía hace referencia a «corte» o «sección»). Una radiografía normal con rayos X produce una vista plana de un objeto. Pero una radiografía por barrido TAC toma muchas vistas delgadas, como si cada una de ellas fuera una rebanada de pan. Luego son procesadas en un ordenador y reunidas para obtener la hogaza entera de pan: una imagen tridimensional del objeto y todas sus superficies, por dentro y por fuera. Es posible aumentar una rebanada o aislar una parte determinada de la momia para estudiarla con más detalle. El espesor de las rebanadas puede variarse para obtener más información sobre una zona, como el cráneo o los dientes. En 1991, los médicos del Hospital de Santo Tomás, de Londres, iniciaron un programa de examen por barrido de una momia con el Museo Británico. La primera momia que estudiaron fue la de Tjentmutengebtiu, una sacerdotisa que murió alrededor del 900 a. de C. Está encerrada en un precioso ataúd de cartón que se deterioraría si se abriera.

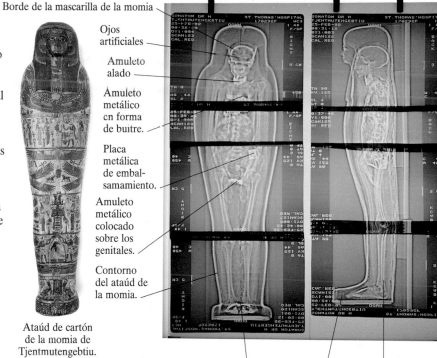

Borde de la mascarilla de la momia

Ojos artificiales

Amuleto alado

Amuleto metálico en forma de buitre.

Placa metálica de embalsamamiento.

Amuleto metálico colocado sobre los genitales.

Contorno del ataúd de la momia.

Ataúd de cartón de la momia de Tjentmutengebtiu.

Amuleto metálico alado colocado sobre los pies

Envolturas de la momia

Esqueleto de la momia

Los radiólogos observan el proceso de barrido en pantallas de televisión de alta resolución, en cabinas de observación separadas. Pueden controlar el espesor de las rebanadas individuales. Los radiólogos tomaron secciones de 2 mm de espesor de la cabeza y el cuello de Tjentmutengebtiu y de 4 mm de espesor del resto de su cuerpo. Examinar la momia de la cabeza a los pies supuso un total de 500 secciones.

El escáner TAC puede simular también imágenes normales de rayos X (arriba). Las estructuras densas, como los huesos, aparecen en blanco. Los materiales menos densos, como son las vendas, aparecen de color azul oscuro o negro. Estos rayos X muestran el esqueleto de la momia y a la momia descansando en su ataúd. También se observan la mascarilla de la momia, los ojos artificiales, diversos amuletos y una placa de embalsamamiento.

El doctor Stephen Hughes (a la izquierda) y el doctor Ajit Sofat preparan la momia de Tjentmutengebtiu para ser examinada por barrido TAC.

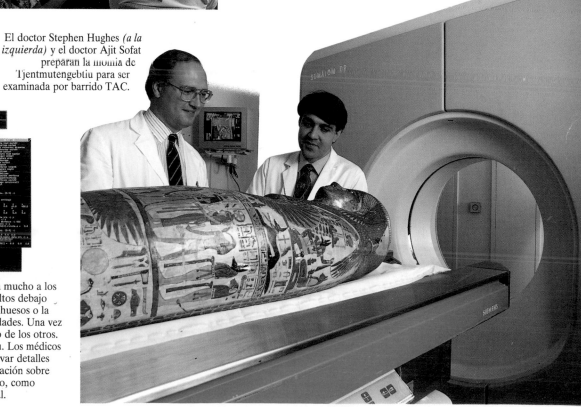

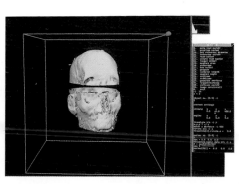

El examen mediante el sistema TAC informa mucho a los médicos sobre la densidad de los objetos ocultos debajo de la superficie. Tejidos diferentes, como los huesos o la piel, tienen sus propias y características densidades. Una vez que se calculan éstas, puede aislarse un tejido de los otros. Esta es la piel del cráneo de Tjentmutengebtiu. Los médicos pueden incluso ver dentro del cráneo y observar detalles tales como las cavidades sinusales. La información sobre densidades puede revelar también si un objeto, como pueda ser un amuleto, es de arcilla o de metal.

Momias de los Andes

Figura de un demonio danzante procedente de Paracas, Perú, donde se encontraron muchos fardos de momias.

LAS MOMIAS MÁS ANTIGUAS DE LA REGIÓN ANDINA de América del Sur fueron preparadas por pescadores que vivían a lo largo de la costa de Chile y Perú. Hacia el 3000 a. de C. conservaban sus muertos secándolos al sol, quitándoles también, a veces, sus órganos internos. Se han encontrado momias de diversas culturas posteriores en Colombia, Ecuador, Perú y Chile, desde los elevados picos montañosos hasta las secas tierras bajas costeras. Muchas de estas culturas consideraban las momias de sus antepasados como objetos sagrados. Los incas, que dominaban la mayor parte de la región de los Andes cuando llegaron los europeos el año 1532, creían que su rey muerto era un dios. Adorando su momia esperaban mantener viva su alma. La momia de un rey muerto se sentaba en un trono y se ocupaban de ella sirvientes que la alimentaban y la vestían. En las festividades religiosas importantes, las momias reales se llevaban por las calles de Cuzco, capital inca.

Yelmo

Maza

Escudo

Los mochicas eran un pueblo agrícola y pesquero que vivió en la costa norte de Perú del 200 a. de C. hasta, aproximadamente, el 600 d. de C. Fabricaban preciosos objetos de cerámica para enterrarlos con sus muertos.

La tela era muy apreciada por los antiguos peruanos. Eran grandes tejedores y bordadores, que consideraban la tela como una forma de riqueza. Este tapiz de un gato-dios fue tejido por el pueblo chanca (1000 a. de C.-1470). Los chancas no tenían gatos domésticos, así que debe representar a un felino como el puma o el jaguar. Dentro de las tumbas se enterraron grandes cantidades de telas de vivos colores. Las momias también eran envueltas en muchas capas de tela especialmente fabricada con ese fin. Se creía que las prendas de buena calidad indicaban la importancia de una persona. Los tejedores debieron tardar varios años tejiendo las telas para las mejores momias. En algunos enterramientos se han encontrado incluso útiles de tejer, como telares, husos e hilo.

Labio superior enganchado en un diente

Cuerda utilizada para atar el cuerpo

Uñas bien conservadas

Algunas momias peruanas eran cuidadosamente embalsamadas. Esto requería extraer los órganos internos, ahumar el cuerpo y restregarlo con aceites, resinas y hierbas. Pero la mayoría de las momias se conservaban debido a las condiciones naturales, ya fuera el clima seco y caliente de la costa o el frío glacial de las montañas de los Andes. Al proceso de secado contribuían también las capas de tela, que ayudaban a retirar los fluidos del cuerpo. La persona muerta se colocaba generalmente sentada, con las rodillas a la altura del pecho. Las manos se colocaban abiertas sobre el rostro y los brazos y las piernas se ataban fuertemente con cuerdas.

El clima seco de la costa peruana era ideal para secar las momias. Hacia 1880 se encontraron varios centenares de momias bien conservadas entre miles de tumbas del enorme cementerio del desierto de Ancón. Los elevados niveles de sales naturales del suelo parecen haber ayudado a conservar los cuerpos, incluyendo las momias de perros domésticos.

Figura masculina   Figura femenina

El pueblo chanca colocaba objetos de cerámica con sus muertos. Estas figuras huecas de un hombre y una mujer estaban a ambos lados de una momia. En sus tiempos debieron estar probablemente envueltos en telas de colores vivos.

Esta es la falsa cabeza que llevaba una de las momias encontradas en Ancón, Perú, en la década de los 80 del siglo pasado. Es como un cojín de tela de algodón pintada, relleno de hojas o algas. La nariz y la boca son de madera tallada. Los ojos son conchas, con pequeñas gotas de resina por pupilas. El pelo es de fibras vegetales teñidas de negro. Está recogido por una banda y lo corona un tocado realizado con plumas de papagayo de color verde brillante. En el antiguo Perú, este tipo de tocado era signo de elevada posición.

Cabeza falsa

Ojos de cobre

Nariz y boca de cobre

Pestañas de plumas

Los chimus eran un pueblo agrícola altamente desarrollado del norte de Perú. Su reino floreció de 1000 a. de C. hasta 1470, en que fueron conquistados por los incas. Esta es una momia chimu enfardada, con una falsa cabeza. Contiene un cuerpo en cuclillas envuelto en muchas capas de tela de algodón fino y lana. Los rayos X han revelado que los ojos de la persona muerta estaban cubiertos con unas placas de metal, probablemente oro. También se observó un brazalete en una muñeca y en los talones de la momia habían colocado unas conchas.

Manto a rayas (poncho)

Cinturón del que cuelgan unas bolsas.

Una vista de perfil permite distinguir las bolsas que cuelgan de un cinturón que rodea la cintura de la momia. Contienen pepitas de aguacate, algodón en rama y hojas de coca, que los chimus masticaban para relajarse. De estas hojas se obtiene la cocaína.

Bolsa

Continúa en la página siguiente

Falsa cabeza

Peluca de largos mechones de pelo humano.

Relleno de hojas

Piel animal

Manto

Este collar de tela se encontró en la desolada península de Paracas, en la costa sur de Perú. En antiguos cementerios de aquella región se han hallado centenares de momias que datan del 1000 al 200 a. de C.

Encontrada en el valle de Pacasmayo, de Perú, esta muñeca sagrada está confeccionada con tapiz tejido, tela y caña. Lleva asido un fardo de algodón en rama. El algodón era una de las primeras cosechas de los Andes y su evidencia se remonta al 3000 a. de C. La muñeca puede ser una diosa enterrada con una persona muerta para darle suerte.

Diminutas figuras humanas

Este corte transversal de un fardo que contiene una momia fue dibujado durante las excavaciones de Ancón, en Perú, en la década de los 80 del siglo pasado. Junto a la momia se encontraron unas pocas vasijas, en una tumba de 3 a 4 m de profundidad. Su falsa cabeza lleva una peluca de cabello humano. Bajo las capas de telas de colores, el cuerpo seco había sido envuelto en una piel animal y atada fuertemente.

Tocado con plumas

Banda trenzada para el pelo

La península de Paracas es famosa por sus tejidos antiguos, encontrados en las momias o formando parte del fardo en que se las envolvía. Algunos fardos contenían más de 100 prendas de algodón. Se han encontrado camisas, capas, ponchos, faldas, taparrabos y turbantes. Muchas de ellas, bordadas en lana con pájaros, animales, peces y otros animales imaginarios.

Placa de plata colocada entre los dientes

Envoltura de algodón

Esterilla de rafia, una especie de palmera

Pitorro en forma de estribo.

Turbante

Camisola de plumas

La cultura chanca floreció en la costa central de Perú desde, aproximadamente, el año 1000 a. de C. al 1470. Al morir, los chancas corrientes eran envueltos en tela y enterrados en simples fosas con algunos objetos. Pero las personas ricas eran enterradas en grandes tumbas, algunas de ellas con escaleras por las que se descendía al fondo. Estas tumbas disponían de muchas habitaciones llenas de hermosas ofrendas. Esta mujer chanca fue envuelta, probablemente, en una esterilla de rafia. Viste ropas de algodón y plumas. Su boca fue rellenada de lana y cerrada con una placa de plata.

Carretes para las orejas

Los mochicas fabricaban excelentes vasijas y figuras de cerámica para colocarlas en las tumbas. Incluso empleaban moldes de arcilla para fabricar en serie sus diseños preferidos. Las vasijas tenían a menudo pitorros en forma de estribo. La cabeza de un noble mochica forma el cuerpo de esta vasija. Los lóbulos de sus orejas están estirados para poder llevar los grandes carretes con que se adornaban los hombres mochicas importantes.

Carretes de oro para las orejas

Sandalias de rafia

Los museos mexicanos contienen muchas momias antiguas como ésta. Cuerpos preservados más recientes se han convertido en atracciones turísticas. Las espantosas momias que se exhiben en el cementerio de Guanajuato son todas de este siglo.

Ojos cosidos

Los indios jíbaros, del Amazonas, se encontraban entre los muchos pueblos que solían reducir de tamaño las cabezas de sus enemigos. Creían que el alma de una persona residía en la cabeza. Al poseer la cabeza de un enemigo, un guerrero jíbaro podía poseer algo de la fuerza espiritual de la persona muerta. Reducían las cabezas a algo menos de la mitad de su tamaño original, mediante un complicado proceso que duraba seis días. Luego, adornaban el pelo, que no se encogía, con cuentas de colores y plumas. El resultado era una cabeza como trofeo o *tsantsa*. Los guerreros llevaban *tsantas* alrededor del cuello en festivales especiales.

Boca cosida

Pelo trenzado

Otras momias americanas

Se han encontrado momias en muchas partes del continente americano, desde Argentina, en el sur, hasta tan al norte como Alaska. Algunos de los cuerpos más antiguos, del siglo I a. de C., proceden de la región de Kentucky. La mayoría de estas momias fueron encontradas en cuevas, como los cuerpos de los indios navajos hallados en Arizona. El frío glacial ha preservado los curpos tatuados de los inuits en Alaska. Los habitantes de las cercanas islas Aleutianas enterraban a sus muertos en calurosas cuevas volcánicas, que facilitaban su secado. A algunos de los cuerpos encontrados aquí los habían rellenado de hierba seca después de extraerles los órganos internos. En América del Sur se han encontrado momias en muchos lugares, además de Perú. Los indios jíbaros, de la zona del Amazonas, incluso reducían de tamaño las cabezas cortadas de sus enemigos.

En su momento de máximo esplendor, el imperio de los incas se extendía desde Ecuador, en el norte, hasta Bolivia y Chile, en el sur. Ésta es la momia deshidratada por congelación de una niña inca, encontrada en lo alto de los Andes, en Chile. Los incas realizaban sacrificios humanos. En épocas de sequía o de crisis se elegían a veces a niños, con la aprobación de sus padres, para ser momificados y ofrecidos a los dioses. Cuando moría un rey, se sacrificaba a algunas de sus esposas y sirvientes. Luego eran momificados para que pudieran acompañar al rey muerto en su viaje al otro mundo.

Esta momia de una mujer fue encontrada, junto con otras 13, en una cueva cercana a Bogotá, en los Andes colombianos. Lleva un collar de dientes de animales y trozos de conchas marinas talladas. Le fueron extraídos los órganos internos a través de una incisión practicada en la base de la espina dorsal. Luego le ataron las manos sobre el pecho, tras lo cual es probable que el cuerpo fuera ahumado.

Marca en la piel de una tela enrollada fuertemente

Dientes en mal estado

Piel seca y apergaminada

El Hombre del Hielo

UN DÍA DE OTOÑO DE HACE MÁS DE 5.300 AÑOS, un cansado viajero fue sorprendido en lo alto de los Alpes por una repentina tormenta de nieve. Trató de refugiarse en un barranco que había entre dos cadenas montañosas. Pero la tormenta era fortísima y murió a causa de la exposición al frío. La nieve cubrió su cuerpo y pronto quedó congelado en un glaciar. Pasaron los inviernos y los siglos y surgieron y se derrumbaron los imperios de Egipto, Grecia y Roma. Europa fue asolada por dos guerras mundiales, pero aún seguía aquel hombre congelado en el tiempo, hasta que un tiempo anormal, durante el invierno de 1991, descubrió de nuevo su cuerpo. Se utilizó una técnica basada en el empleo de carbono radiactivo para estimar la edad del cuerpo. Se demostró que el Hombre del Hielo, como ahora se le conoce, murió entre 3350 y 3300 a. de C. Esto le convierte en la momia bien conservada más antigua del mundo. Con él se encontraron más de 70 objetos. No son objetos funerarios sino pertenencias personales que llevaba consigo al morir. Equipos de especialistas están estudiando ahora el cuerpo, las ropas, las herramientas y las armas del Hombre del Hielo. Los botánicos están estudiando el material vegetal encontrado en su cuerpo, que puede demostrar de dónde procedía. Su sangre, sus huesos, sus órganos vitales y su ADN pueden revelar las enfermedades que padecía. Toda esta investigación puede aportar datos sobre quién era el Hombre del Hielo y cómo vivió y murió.

El 19 de septiembre de 1991, dos escaladores alemanes encontraron un cuerpo congelado en lo alto de un glaciar. Estaba a 3.000 m de altura, en una zona retirada de los Alpes, cerca de la frontera italo-austríaca. El cuerpo había sido parcialmente descubierto, a causa de una anómala tormenta ocurrida en el desierto del Sahara en marzo. Esta tormenta había lanzado grandes nubes de polvo sobre los Alpes y el glaciar. El polvo oscuro absorbió la luz del sol e hizo que el hielo se derritiera más de lo normal. La policía y los forenses que acudieron al lugar no pensaron que el cuerpo fuera tan antiguo. Lo sacaron del hielo *(arriba)* y lo llevaron en helicóptero a Innsbruck, Austria, para que lo examinaran. Al principio se creyó que era austríaco y Austria se ha convertido en el centro de la investigación sobre el Hombre del Hielo. Pero los topógrafos descubrieron más tarde que el cuerpo yacía justamente dentro de los límites de la frontera italiana.

Robert Hedges trabaja en la Unidad de Carbono Radiactivo de la Universidad de Oxford, en Inglaterra. Desarrolló un nuevo método para precisar fechas con carbono radiactivo, que utilizó para probar que el sudario de Turín era una falsificación *(a la derecha)*. La técnica del carbono radiactivo se basa en que todos los materiales orgánicos (vivos) contienen una molécula llamada carbono-14. Una vez muertos estos materiales orgánicos, la molécula de carbono-14 desaparece a un ritmo constante. Así pues, midiendo el nivel de carbono-14, los científicos pueden calcular la edad de cualquier sustancia orgánica.

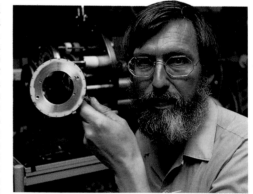

La gente creyó en cierta ocasión que el cuerpo de Cristo había sido envuelto en esta reliquia. Pero los ensayos con carbono radiactivo demostraron que su antigüedad databa de la Edad Media.

Carcaj de cuero

Hacha de madera con hoja de cobre

Parte de calzado de cuero con restos de hierba aún pegada a la planta.

Algunos de los objetos que llevaba consigo el Hombre del Hielo son extraordinarios. Entre ellos había un arco y un carcaj de cuero que contenía 12 flechas semimanuales. Su hacha parece un hacha típica de la Edad del Bronce, del 2000 a. de C., aproximadamente. Pero resultó ser de cobre. Es un arma asombrosa, más antigua y mucho más avanzada de diseño que cualquier hacha de cobre conocida.

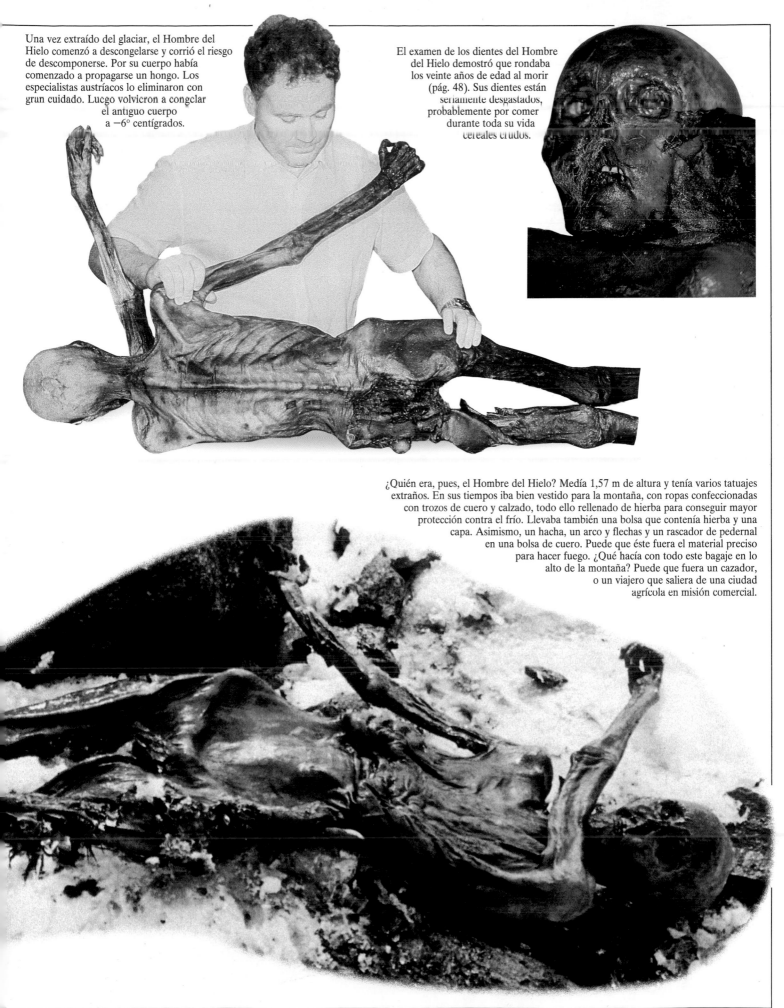

Una vez extraído del glaciar, el Hombre del Hielo comenzó a descongelarse y corrió el riesgo de descomponerse. Por su cuerpo había comenzado a propagarse un hongo. Los especialistas austríacos lo eliminaron con gran cuidado. Luego volvieron a congelar el antiguo cuerpo a −6° centígrados.

El examen de los dientes del Hombre del Hielo demostró que rondaba los veinte años de edad al morir (pág. 48). Sus dientes están seriamente desgastados, probablemente por comer durante toda su vida cereales crudos.

¿Quién era, pues, el Hombre del Hielo? Medía 1,57 m de altura y tenía varios tatuajes extraños. En sus tiempos iba bien vestido para la montaña, con ropas confeccionadas con trozos de cuero y calzado, todo ello rellenado de hierba para conseguir mayor protección contra el frío. Llevaba también una bolsa que contenía hierba y una capa. Asimismo, un hacha, un arco y flechas y un rascador de pedernal en una bolsa de cuero. Puede que éste fuera el material preciso para hacer fuego. ¿Qué hacía con todo este bagaje en lo alto de la montaña? Puede que fuera un cazador, o un viajero que saliera de una ciudad agrícola en misión comercial.

Momias de ciénagas

En 1983, dos trabajadores que recogían turba tropezaron con una cabeza de mujer parcialmente descompuesta, en Cheshire, Inglaterra, en el mismo lugar donde más tarde se encontró el Hombre de Lindow (pág. 59). Un hombre de la localidad confesó que había asesinado a su mujer 23 años antes y la había arrojado a la ciénaga. Fue juzgado y se le declaró culpable de asesinato. Pero cuando se fijó la fecha de la cabeza se encontró que tenía ¡más de 1.770 años!

SE HAN ENCONTRADO ALGUNOS CUERPOS en lugares húmedos y pantanosos, como las ciénagas. Frecuentemente los encuentran personas que se dedican a recoger turba, materia vegetal en descomposición, que se ha utilizado como combustible a lo largo de los siglos. El descubrimiento de un cuerpo en una ciénaga atrae, por lo general, la atención de la policía, que supone que alguien ha sufrido un accidente o ha sido asesinado recientemente. Sólo después de haber sido examinado con carbono radiactivo pueden decir los científicos cuánto tiempo hace que murió esa persona. Las mejores momias de ciénagas se han encontrado en el norte de Europa, especialmente en Dinamarca, Datan de fines de la Edad de Hierro, hacia el 500 a. de C., hasta el período romano, hacia el 300 d. de C. Estos cuerpos bien conservados tienen algunas cosas en común y los arqueólogos creen que proceden de una cultura similar. Todas las víctimas fueron matadas en terreno seco y luego arrojadas a la ciénaga. Puede que fueran ejecutadas en castigo por algún crimen u ofrecidas como sacrificios humanos a los dioses. Sus numerosas heridas hacen suponer, incluso, que las víctimas fueron ejecutadas en algún ritual religioso. Según los resultados forenses, todas ellas murieron a mediados del invierno, en algún festival celebrado en esa época del año (como las Navidades actuales).

Brazo separado

Esta momia de ciénaga, de mujer, fue encontrada hace más de 100 años en Huldre Fen, Dinamarca. Murió hacia el año 95. La mayoría de los cuerpos encontrados en las ciénagas están desnudos, pero ésta vestía una capa de piel de cordero, una falda de cuadros y un pañuelo en la cabeza. Llevaba también un peine de asta, finamente trabajado, y una cadena con dos cuentas de ámbar. Esto indica que no era pobre y que podía haber ocupado una importante posición en la sociedad. No se sabe si su brazo fue separado del tronco antes o después de morir.

El pelo de muchas momias parece haberse tornado rojizo con el transcurso de los años.

Cicatriz de un corte en la garganta

En 1952 se encontró el cuerpo de un hombre cerca de Grauballe, en Dinamarca. Al principio se creyó que era un trabajador de la turba borracho llamado Red Christian, que había caído a la ciénaga en 1887. Pero ahora se sabe que murió hace unos 1.540 y 1.740 años. Tras sacarlo de la ciénaga, el cuerpo tuvo que ser tratado para evitar que se deteriorara. Fue sumergido en una solución fuerte de corteza de roble y curtido durante 18 meses. El Hombre de Grauballe está increíblemente bien conservado y permanecen intactos la mayoría de sus órganos internos. Incluso pudieron estudiarse sus huellas dactilares (pág. 49). El contenido de su estómago reveló a los científicos lo que había comido por última vez. Parece haber tomado una sopa de vegetales que contenía cebada y una especie de mezcla de semillas de más de 60 granos diferentes y fruta con leche. Murió violentamente a causa de numerosas heridas, entre ellas un corte en la garganta.

Mano larga y estrecha

Piel curtida naturalmente en una ciénaga de turba.

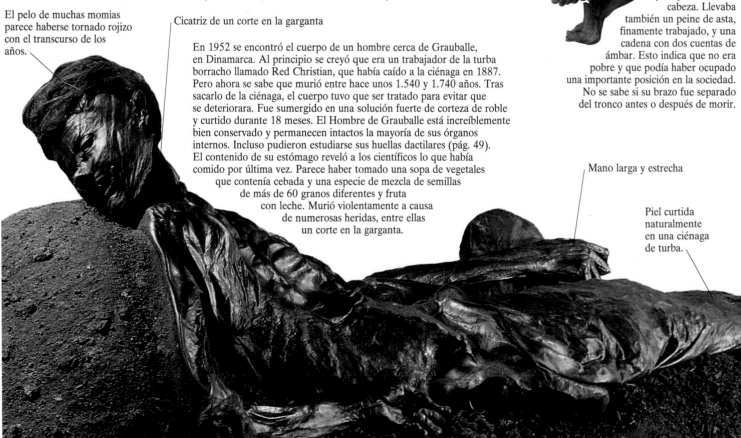

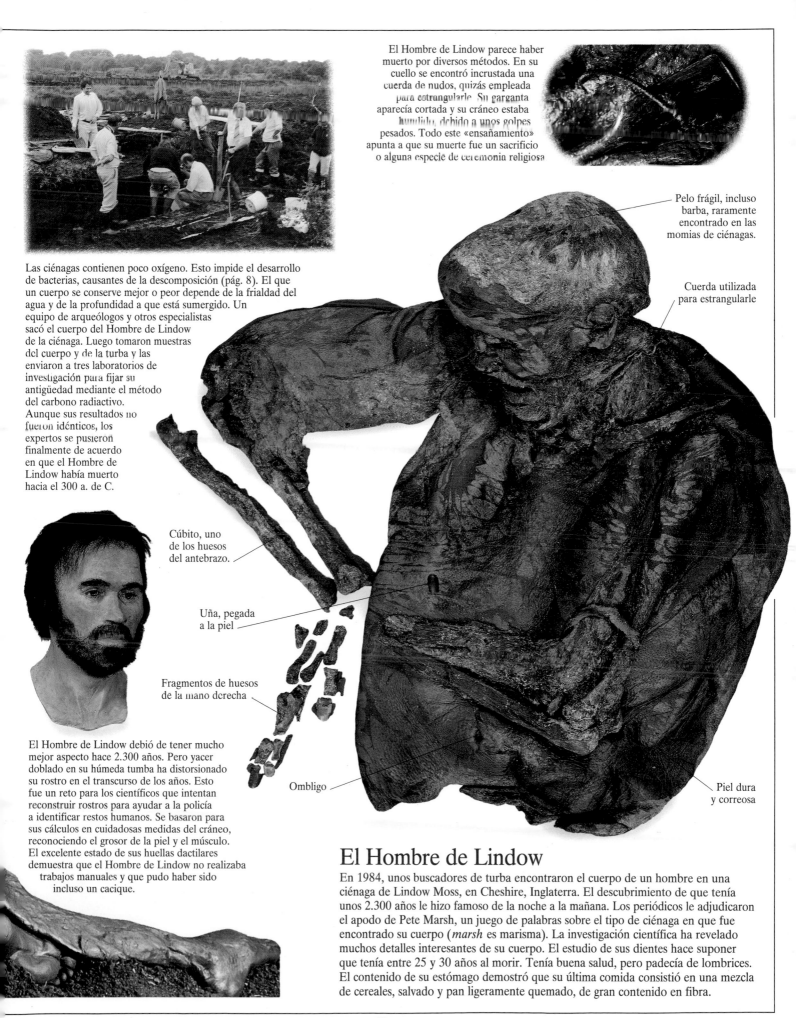

El Hombre de Lindow parece haber muerto por diversos métodos. En su cuello se encontró incrustada una cuerda de nudos, quizás empleada para estrangularle. Su garganta aparecía cortada y su cráneo estaba hundido debido a unos golpes pesados. Todo este «ensañamiento» apunta a que su muerte fue un sacrificio o alguna especie de ceremonia religiosa

Pelo frágil, incluso barba, raramente encontrado en las momias de ciénagas.

Cuerda utilizada para estrangularle

Las ciénagas contienen poco oxígeno. Esto impide el desarrollo de bacterias, causantes de la descomposición (pág. 8). El que un cuerpo se conserve mejor o peor depende de la frialdad del agua y de la profundidad a que está sumergido. Un equipo de arqueólogos y otros especialistas sacó el cuerpo del Hombre de Lindow de la ciénaga. Luego tomaron muestras del cuerpo y de la turba y las enviaron a tres laboratorios de investigación para fijar su antigüedad mediante el método del carbono radiactivo. Aunque sus resultados no fueron idénticos, los expertos se pusieron finalmente de acuerdo en que el Hombre de Lindow había muerto hacia el 300 a. de C.

Cúbito, uno de los huesos del antebrazo.

Uña, pegada a la piel

Fragmentos de huesos de la mano derecha

El Hombre de Lindow debió de tener mucho mejor aspecto hace 2.300 años. Pero yacer doblado en su húmeda tumba ha distorsionado su rostro en el transcurso de los años. Esto fue un reto para los científicos que intentan reconstruir rostros para ayudar a la policía a identificar restos humanos. Se basaron para sus cálculos en cuidadosas medidas del cráneo, reconociendo el grosor de la piel y el músculo. El excelente estado de sus huellas dactilares demuestra que el Hombre de Lindow no realizaba trabajos manuales y que pudo haber sido incluso un cacique.

Ombligo

Piel dura y correosa

El Hombre de Lindow

En 1984, unos buscadores de turba encontraron el cuerpo de un hombre en una ciénaga de Lindow Moss, en Cheshire, Inglaterra. El descubrimiento de que tenía unos 2.300 años le hizo famoso de la noche a la mañana. Los periódicos le adjudicaron el apodo de Pete Marsh, un juego de palabras sobre el tipo de ciénaga en que fue encontrado su cuerpo (*marsh* es marisma). La investigación científica ha revelado muchos detalles interesantes de su cuerpo. El estudio de sus dientes hace suponer que tenía entre 25 y 30 años al morir. Tenía buena salud, pero padecía de lombrices. El contenido de su estómago demostró que su última comida consistió en una mezcla de cereales, salvado y pan ligeramente quemado, de gran contenido en fibra.

Las momias de Sicilia

UNAS 6.000 MOMIAS descansan todavía en una catacumba (cementerio subterráneo) localizada bajo una iglesia católica de Palermo, capital de la isla italiana de Sicilia. Las primeras momias, de 400 años de antigüedad, aproximadamente, pertenecen a monjes que vivieron y rindieron culto en la iglesia. La costumbre no tardó en ponerse de moda entre médicos, abogados y otros adinerados profesionales de Palermo. Los propios monjes embalsamaban los cuerpos, mediante un proceso secreto que duraba más de un año. Al igual que los antiguos egipcios, no encontraban molestas sus momias. Consideraban los cuerpos conservados como un vínculo directo con sus parientes difuntos, cuyas almas disfrutaban de la otra vida. Las familias llevaban a sus hijos a visitar a sus bisabuelos, mucho después de que hubieran muerto. Los visitantes llevaban comida en sus visitas a las catacumbas. Las familias rezaban y hablaban con las momias, poniéndolas al día de los acontecimientos locales y pidiendo su consejo en asuntos difíciles. Nadie ha sido momificado desde hace más de 80 años, pero los monjes siguen ocupados organizando visitas turísticas de personas que van desde lugares muy alejados de Sicilia.

La momia más antigua de las catacumbas es la del padre Silvestro da Gubbio, embalsamado en 1599. Primero, su cuerpo fue bajado a un sótano especial, el *collatio*. Allí le dejaron durante 12 meses sobre unos tubos de barro, hasta que desaparecieron todos los fluidos del cuerpo. Luego volvieron a subirlo y dejaron que se secara al sol. Antes de vestirlo, el cuerpo fue lavado con vinagre y envuelto en paja y hierbas perfumadas.

Los monjes viven encima de las catacumbas y están a cargo de las momias y del registro del cementerio. Pertenecen a la orden de los capuchinos. Todos los monjes capuchinos llevan barba y visten hábito con capucha.

Estas momias de mujeres pertenecen todas a una parte de las catacumbas conocida como Corredor de las Vírgenes. Sus vestidos constituyen un extraordinario registro histórico del arte de la confección y del diseño textil. Los encajes son especialmente impresionantes. Los ataúdes en los que descansan los cuerpos pueden abrirse por medio de unas bisagras, de forma que los parientes pudieran tocar las manos de las momias mientras rezaban.

Telas de colores, bien conservadas

Etiquetas con datos tales como el nombre de la persona muerta, su edad y su profesión

En el siglo XIX se desarrolló un nuevo y mejor método de embalsamamiento. Los monjes comenzaron a empapar los cuerpos en arsénico o leche de magnesia, que dejaban la piel más flexible y más natural.

Ahora hay menos de 40 monjes cuidando las 6.000 momias. Todos los años limpian ligeramente los cadáveres con una aspiradora.

Telas de algodón, que han resistido mejor que la seda.

Momia siciliana con la cabeza apoyada en una almohada

Rosali Lombardo, la última persona que fue momificada en Sicilia, murió en 1920 con dos años de edad. Su cuerpo fue conservado según un método original desarrollado por su padre, que era médico.

Otras momias

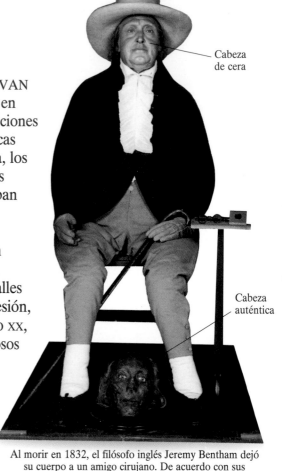

Cabeza de cera

Cabeza auténtica

Al morir en 1832, el filósofo inglés Jeremy Bentham dejó su cuerpo a un amigo cirujano. De acuerdo con sus instrucciones, su cabeza fue momificada. Luego, su esqueleto fue vestido con sus prendas de diario y coronado con una cabeza de cera. Aún se exhibe el conjunto en una vitrina de cristal en el University College de Londres. Bentham lo denominó su «autoicono».

LAS MOMIAS NATURALES SE CONSERVAN por accidente (págs. 8-9) y se encuentran en cualquier parte del mundo donde las condiciones ambientales sean suficientemente frías, secas o pantanosas. Los aborígenes de Australia, los isleños del estrecho de Torres y los nativos americanos del norte y del sur aprovechaban las condiciones naturales para conservar deliberadamente los cuerpos. En iglesias cristianas y templos budistas se momifican cuerpos que son exhibidos luego (págs. 7, 60-61). Todos los años se pasea por las calles de una ciudad de Creta, en solemne procesión, la momia de un santo cristiano. En el siglo XX, la gente ha comenzado a momificar a famosos políticos y celebridades en lugar de reyes y santos. En Argentina se desarrollaron mejores métodos de embalsamamiento, que implican el empleo de parafina. Se utilizaron en 1952 para conservar magníficamente el cuerpo de la esposa del presidente, Eva Perón. En la actualidad, en Salt Lake City, EE.UU., mediante pago, se puede embalsamar y envolver al antiguo estilo un pariente o un animal doméstico.

En 1770 se encontró en Tenerife, una de las islas Canarias, una cueva volcánica que contenía unas 1.000 momias. Pertenecían al pueblo guanche, que llevaba siglos conservando sus muertos. Su método de embalsamamiento era, curiosamente, muy similar al egipcio. En algunos casos, los guanches extraían los órganos internos. Luego secaban el cuerpo y lo rellenaban de plantas. Pocas momias guanches han sobrevivido, ya que muchas de ellas fueron reducidas a polvo para preparar medicinas (pág. 40).

Las sirenas (y, más raramente, los tritones) constituyeron curiosidades populares en Europa en una época tan remota como el siglo XVII. La mayoría de estas criaturas imaginarias procedía de Asia Oriental, especialmente de Japón. Esta sirena momificada fue preparada con el cuerpo de un mono y la cola de un pez. Seijiro Arisuye, que se la regaló a un príncipe inglés, afirmaba que había sido capturada por un pescador japonés.

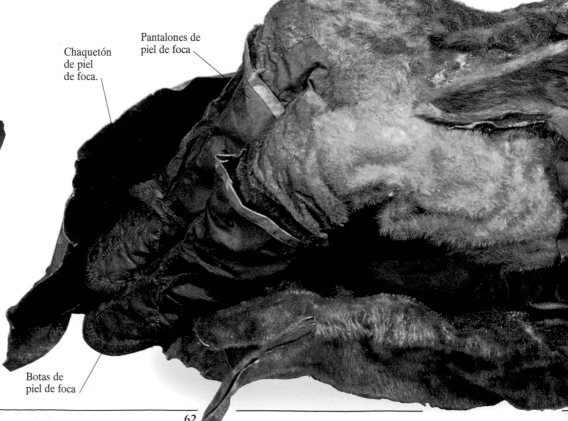

Chaquetón de piel de foca.

Pantalones de piel de foca

Botas de piel de foca

Lady Dai era una noble china de la dinastía Han que murió hacia el 168 a. de C. Su bien conservado cuerpo se encontró en una profunda tumba, en la provincia de Hunan, en 1972. Estaba envuelto en 20 capas de seda y reposaba en un conjunto de seis ataúdes de madera. Estaban cubiertos de muchas capas de esteras de bambú y cinco toneladas de carbón vegetal. Esto fue ideado, probablemente, para absorber el agua que pudiera filtrarse y conservar el cuerpo perfectamente seco. La tumba fue luego sellada herméticamente con excrementos y arcilla. El estudio de su cuerpo demostró que lady Dai había sido embalsamada manteniendo su cuerpo en remojo en un baño de sales de mercurio.

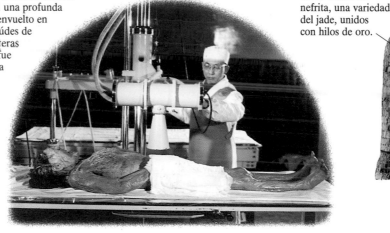

Lady Dai siendo examinada con rayos X

2.160 trozos de nefrita, una variedad del jade, unidos con hilos de oro.

Este indígena de Nueva Guinea posa orgullosamente con un antepasado momificado. En zonas cálidas del planeta, muchos pueblos solían colocar los cadáveres en ramas de árboles para que se secaran al sol. Los habitantes de las islas del estrecho de Torres, situado entre Australia y Nueva Guinea, ataban el cadáver a una parihuela de bambú. Luego encendían una hoguera debajo de ella y secaban el cuerpo ahumándolo. Finalmente, pintaban el cuerpo con ocre rojo.

Una princesa china del siglo II a. de C. fue enterrada con este precioso traje de jade. Ella esperaba que las gemas la momificaran. Pero, de todos modos, su cuerpo se descompuso bajo el jade.

Los escitas constituían un pueblo nómada que dominó Asia Central desde el siglo VII al III a. de C. Momificaban los cuerpos de sus jefes y nobles con el mismo esmero que los antiguos egipcios. Separaban los órganos internos y rellenaban el cuerpo con incienso, perejil y cabello. Este dibujo de un jinete escita es parte de un tejido enterrado con un jefe. Los escitas pasaban la mayor parte de sus vidas a caballo y a los jefes los enterraban incluso con sus caballos momificados. A los guerreros los tatuaban por su valor y uno de los cuerpos muestra complicados tatuajes por todo su cuerpo. Sus cementerios de Siberia eran extremadamente fríos, lo que ha ayudado a conservar los cuerpos.

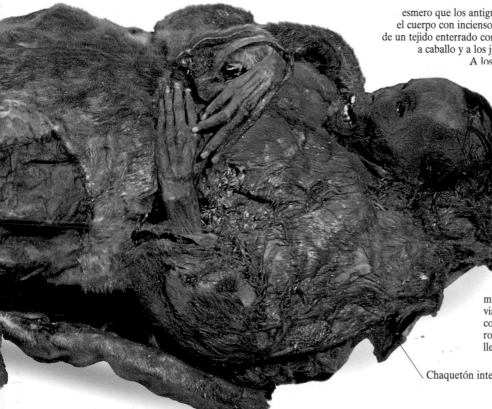

Esta momia de una mujer esquimal (o inuit) es uno de los ocho cuerpos bien conservados descubiertos en Groenlandia en 1972 (pág. 7). Murió hacia 1475, a los 30 años de edad. La combinación de aire seco y temperaturas glaciales secó de forma natural su cuerpo por congelación. Sus acogedoras prendas de vestir, hechas a mano con pieles de animales, también estaban bien conservadas. Los inuits creían que una persona muerta necesitaría prendas acogedoras para el largo viaje a la «Tierra de los Muertos». Fotografías tomadas con rayos X revelaron unos tatuajes desvanecidos en su rostro. Cuatro de las cinco mujeres enterradas con ella llevaban tatuajes similares.

Chaquetón interior, de piel de ave

Índice

Iconografía

s = superior c = centro i = inferior
iz = izquierda d = derecha

Ancient Art and Architecture Collection: 56cd
Ardea, London Ltd.: 23sc
Akelindau: 13id
John Mason: 44ic
Peter Steyn: 45sd
Owen Beattie/Universidad of Alberta: 9id
Museo Británico: 23siz, 28siz, 29id, 31id, 31sc, 34sd, 44sd, 59siz, 59sd, 62iiz
Jean-Loup Charmet: 36siz
Jefe de la Policía de Cheshire: 58siz
Christopher Cormack/Impact: 60siz, 60sd, 60i, 61iz, 61sd, 61cd, 61id
Reg Davis: 49siz, 50siz
C. M. Dixon: 63c
Museo Nacional de Egipto, El Cairo/Giraudon/Bridgeman Art Library, Londres: 38ciz
Oficina de Turismo de Egipto: 15ic
Electa, Milán: 6cd
E.T. Archive: 29siz

Mary Evans Picture Library: 14sd, 17id, 29ciz, 36iiz, 39c, 40siz, 41ciz
Forhistorisk Museum, Moesgard: 58i
Ronald Grant Archive: 40ic
Griffith Institute, Ashmolean Museum, Oxford: 24siz, 35ci, 38id
Hammer Film Productions/Advertising Archives: 41siz
Robert Harding Picture Library: 11id, 11siz, 29sciz, 38iiz, 38c, 38sd, 39siz, 39sd, 39id, 55siz, 63sd
Michael Holford: 7cd, 29sc, 55sd
Hulton-Deutsch Collection: 16iiz, 26id, 47cd
Louvre, París/Bridgeman Art Library, Londres: 11cd, 42siz
Giraudon/Bridgeman Art Library, Londres: 13sd
McQuitty Collection: 7id, 10sd
Manchester Museum, Universidad of Manchester: 48i
Mansell Collection: 6sd, 10iiz
Musée de l'Homme, París: 54id
Museo de Londres: 9iiz
Museo Nacional, Copenhague: 58sd

Museo Nacional, Groenlandia: 7c, 62-63i
Oldham Art Gallery, Lancs/Bridgeman Art Library, Londres: 43ic
Paramount Pictures: 41id
Pelizaeus-Museum, Hildersheim: 10dc, 12id, 14i
Popperfoto: 55c
Rex Features Ltd.: 6ciz, 56iiz, 56c, 57sd, 63sciz
Photo R.M.N.: 10ciz, 25siz, 27c, 42iiz
Silkeborg Museum, Dinamarca: 9ciz
Sygma: 10id, 38siz, 50sd, 51iiz, 56siz, 57siz, 56-57i
University College, Londres: 62sd
Viollet Collection: 11sd
Xinhua News Agency: 63sc

Ilustraciones de: Gillie Newman: 10 y 15; James Putnam: 25

Documentación: Céline Carez

Redacción y diseño: Belinda Rasmussen, Helena Spiteri, Sheron Spencer y Manisha Patel

Han colaborado:
El personal del Departamento de Antigüedades Egipcias del Museo Británico, Londres, especialmente John Taylor y Carole Andrews
Ian Mackay, del Museum of Mankind, Londres
Angela Thomas y Arthur Boulton, del Bolton Museum
John Saunders, Stephen Hughes y el personal del Departamento de Física Médica del St. Thomas Hospital, Londres (pág. 51)
Reg Davis, Don Brothwell, Joyce Filer, Guita Elmenteuse y George Bankes, de la Universidad de Manchester
Theya Moleson, del Natural History Museum, Londres
El séptimo conde de Carnarvon
La Egypt Exploration Society
Nicholas Reeves, William y Miranda MacQuitty, Peter Nahun, Martin Davies, Maria Demosthenous, Mitsuko Miyazaki en Japón, Martin Atcherley en Alemania y Michael Dunning y Geoff Brightling proporcionando fotografías adicionales

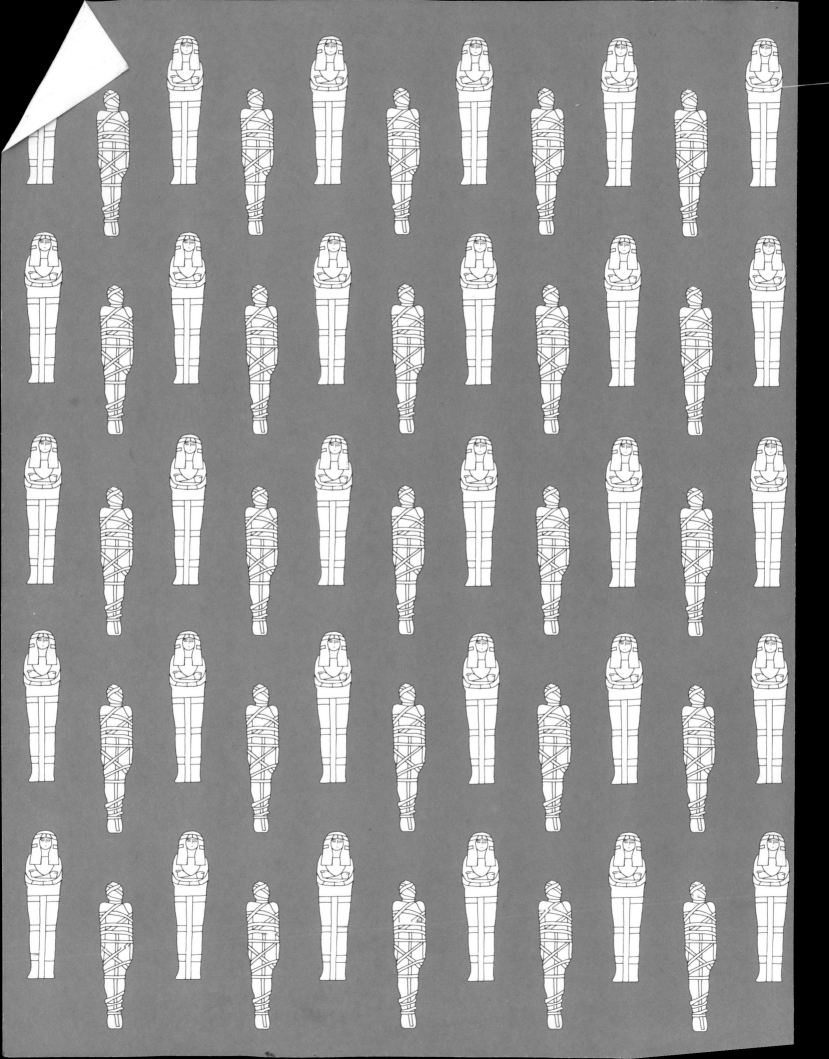